VÉRITÉS HISTORIQUES

SUR

LA ROYAUTÉ

Suivies d'un Dialogue entre un Ouvrier Républicain et un Ouvrier Légitimiste.

DÉDIÉ A LA CLASSE OUVRIÈRE

PAR DAVID MILLAUD

de Tarascon

Avec une Préface par ALPHONSE ESQUIROS, Rédacteur en chef de la *Voix du Peuple*.

MARSEILLE.

IMPRIMERIE. — ASSOCIATION D'OUVRIERS.,

RUE CANEBIÈRE, 42.

1849

PRÉFACE.

La France en a fini avec la royauté. Nous savons bien que d'incorrigibles meneurs royalistes s'efforcent d'agiter le fantôme de la République ancienne pour dégoûter les crédules et les simples de la République du 24 février. A les en croire, la propriété est solidaire de la monarchie, la République, c'est, dans un temps donné, la spoliation et le pillage. — D'abord, il faut se défier de ces rapprochements entre des époques qui ne se ressemblent point; l'histoire ne se répète jamais. La Révolution de 1792 a préparé à la Révolution de 1848 un terrain nouveau. Où avez-vous vu d'ailleurs que la première République fût ennemie de la propriété? Violente, terrible, les événements l'ont voulu ainsi; spoliatrice, non. Le clergé s'était dépouillé lui-même de ses biens, par un sentiment de justice, à l'ouverture des Etats-Généraux. Quant à la confiscation, ce fut une mesure toute exceptionnelle, qui précéda la chute de Louis XVI, et qui ne frappa jamais que sur les émigrés, c'est-à-dire sur les anciens nobles qui préféraient l'exil à la cession de leurs priviléges. On les pressa de revenir, ils refusèrent : c'était consentir à une véritable mort civile.

Si elle retranchait, d'une main, à des ennemis déclarés du peuple une fortune immobilière dont ils se servaient pour contrarier l'avènement du droit, la Révolution reversa de l'autre main sur les campagnes une masse de bien-être. Il n'est guère de petit cultivateur, assis maintenant sur le sol, dont le père n'ait taillé son champ dans les dépouilles de la féodalité transfuge. La division de la propriété territoriale est une suite de la vente des biens nationaux. Loin de rien enlever au travail ni à l'industrie agricole, la République créa, par ce morcellement, toute une classe de propriétaires travailleurs qui n'existaient pas avant elle et qui s'enracinèrent à la glèbe. 93, ce fantôme historique, dont les royalistes nous ont fait si peur, 93 ne saurait être un souvenir bien menaçant, ni bien pénible pour les campagnes, pour ces braves enfants de la terre qui lui doivent leur charrue, leur toit de chaume, et leur champ au soleil.

Dans les villes, la Révolution française a également ouvert les veines du commerce et de la prospérité manufacturière. Le régime de la monarchie est nécessairement le régime des castes. Sous un pareil système, les existences parasites abondent ; le travail languit ; l'industrie est nulle. Tout ce qui ne vit point dans la domesticité de la cour, des couvents ou des châteaux, est condamné à la misère, à l'impuissance. L'indépendance est le nerf de l'activité humaine ; or, cette indépendance, sœur d'une propriété garantie par les lois, vous ne la rencontrerez, sous le régime monarchique, que pour les privilégiés ou les forts. La royauté favorise les grands au détriment des petits, les riches au détriment des pauvres. Les faibles sont censés ne pas être, on les oublie ; on les relègue avec mépris sur les limites obscures du néant : ce sont des *gens de rien*. Dans une République, au contraire, le trait distinctif c'est le concours des faibles, des simples, des ignorants aux affaires de l'Etat.

La plupart des petits commerçants, dans nos villes et nos villages, doivent à cette République si calomniée l'échoppe qui alimente aujourd'hui leur famille. Le commerce s'étend avec la consommation croissante, autrement dit, avec le bien-être des classes laborieuses. Plus vous augmenterez les moyens d'existence pour les ouvriers, plus vous féconderez la sève nourricière du menu négoce. La boutique, loin de s'effrayer des développements que prend autour d'elle l'émancipation morale et matérielle des travailleurs, doit au contraire s'en réjouir ; car cette émancipation est la base d'une prospérité toujours plus grande pour l'homme qui produit et pour l'homme qui vend. La République n'a donc rien — même dans son passé terrible — qui menace l'industrie, la propriété ni la culture.

Ne pouvant obscurcir dans l'histoire la lumière de la République, les royalistes cherchent à jeter des craintes et des défiances sur l'avenir de nos institutions nouvelles. A les entendre, la Révolution de février a remis en question toutes les existences. Ça été un coup de tonnerre dans un temps calme. Le vieillard, depuis le 24 février, n'est plus en sûreté d'esprit sur la possession du champ conquis et fécondé par ses mains laborieuses. Toutes les familles tremblent. La République, c'est la torche, c'est le glaive. Le 24 février a ouvert dans la propriété une brèche qu'il faut fermer au plus vite avec un replâtrage monarchique. Le partage est à nos portes : vite, qu'on nous amène Henri V !

Ceux qui tiennent ce langage suborneur savent bien que la propriété est aussi sacrée sous le règne du peuple que sous la domination d'un roi ; ils savent que le 24 février, aux Tuileries, on fusillait les voleurs ; ils savent que la classe ouvrière a tenu à Paris sous sa main, pendant trois jours, toutes les richesses de la civilisation, et qu'elle a tout remis. La République garantit les droits et les transactions du passé, comme elle garantit dans l'avenir les améliorations sanctionnées par la raison et la conscience des masses. Si son principe était nettement compris de toutes les intelligences, il n'y aurait plus dans le monde que les aristocrates et les fous qui ne seraient pas républicains. Par aristocrates il faut entendre à cette heure les détenteurs du monopole, tous ces hommes, en petit nombre, mais influents, qui couvrent le sol de leur personnalité dévorante et de leur fortune parasite. L'égoïsme arrondi de ces nouveaux privilégiés refoule les populations agricoles dans l'ignorance, dans l'abrutissement, dans la misère. Leur intérêt privé est sans cesse en lutte avec l'intérêt général. Grâce à eux, l'industrie ronge l'agriculture ; grâce à eux, nos grandes villes deviennent des foyers de corruption, de misère, tandis que les champs, abandonnés à un travail stérile, dévorés par l'usure, accablés par l'impôt, regrettent chaque jour leurs enfants qui s'en vont, et le travail qui tombe. La terre se dessèche sous leur main avare.

La féodalité mercantile, usuraire et industrielle a succédé chez nous à la féodalité nobiliaire, comme la royauté constitutionnelle a remplacé, en 1830, la monarchie absolue et de droit divin. La puissance de cette nouvelle aristocratie réside dans le crédit. Avec l'or et le papier, elle soulève de grands travaux, de grandes cultures, de grandes entreprises commerciales. Elle forme des coalitions de capitalistes, que la loi n'atteint pas, et qui écrasent toute concurrence. Elle crée à son profit des monopoles qui augmentent le prix des denrées de consommation et des objets de première nécessité. Un moyen sûr d'acquérir de l'argent dans cette tempête des intérêts industriels, c'est d'en avoir. Aussi les grandes fortunes s'accroissent, s'accroissent toujours, comme les montagnes qui s'élèvent par alluvions et qui ne disent jamais : c'est assez ! Mais, à côté de ces masses absorbantes, où rayonne l'orgueil et la prospérité d'un seul, il y a un abîme qui se creuse toujours davantage : c'est celui de la misère publique.

Pendant un temps immémorial, les neuf dixièmes du genre humain ont servi d'hécatombe à une minorité insolente et implacable. Les peuples se sont élevés çà et là, comme par secousses, contre un ordre de choses qui offensait la justice. La Révolution de 89 a été la première phase d'une protestation sérieuse, éclatante, contre les aristocraties ; la Révolution de 1848 a été la seconde. Il s'agit maintenant d'organiser pacifiquement une défense régulière contre les excès du monopole et contre les abus de l'exploitation. Pour empêcher que la grande propriété n'envahisse sur la petite, que le magasin ne dévore la boutique, que les terres n'absorbent le champ, que faut-il ? conserver la République et éclairer le suffrage universel.

Il n'est plus aujourd'hui besoin de recourir à la violence pour abattre les ennemis du bien public. Leur influence repose, comme celle de toutes les aristocraties, sur une erreur qui s'évanouira par le seul progrès des lumières. Les Républicains ne veulent rien prendre à ceux qui possèdent ; mais ils veulent donner à ceux qui ne possèdent pas les moyens d'acquérir, c'est-à-dire l'instrument de travail. Comment arriveront-ils à ce résultat économique ? En étendant le crédit aux classes agricoles et ouvrières ; ils dirigeront par ce moyen les forces du pays vers une production de plus en plus abondante ; ils accroîtront pour tous la somme du bien-être, et enrichiront les pauvres sans dépouiller les riches.

Reculer à présent vers la monarchie, ce serait détruire le germe de ces résultats féconds ; ce serait rompre avec la tradition du progrès ; ce serait sceller la pierre du sépulcre sur l'éternel sommeil des déshérités et des travailleurs. Le retour vers une royauté quelconque, amènerait le retour des priviléges contre lesquels se sont faites nos deux Révolutions. Avec la royauté, le monopole du commerce, de la propriété, de la grande culture ; avec la République, le développement de toutes les existences, de toutes les conditions sociales, la conquête des instruments de travail, la perspective illimitée d'un bien-être qui augmente et se multiplie sans cesse par la foi, par l'amour, comme les cinq pains d'orge dans le désert. Conservons donc la République.

La lecture de cet ouvrage sera, nous l'espérons, un précieux enseignement pour les campagnes. Celui qui leur adresse la parole et devant lequel j'ai hâte de m'effacer, n'est pas arrivé d'hier à la démocratie. C'est un citoyen honorable, un homme de conviction qui est entré tout jeune dans la lutte. A travers la parole de ces vrais amis du peuple, passe toujours un rayon de vérité. Il a plaidé une noble cause avec cœur, avec talent : cette cause est gagnée, puisqu'elle compte dans le Midi de si braves et de si bons défenseurs. — O Marseille, sœur de la Méditerranée, toi qui as bien voulu me donner l'hospitalité démocratique, rejette ce linceul d'esprit royaliste, sous lequel s'enseveliraient ton commerce, ton industrie, tes arts, ta littérature ; on assure qu'un sang grec coule dans tes veines : remonte à la République et à la Liberté, ces deux filles éternelles du Génie !

A. ESQUIROS.

VÉRITÉS HISTORIQUES

SUR LA ROYAUTÉ.

> Si l'on comptait toutes les souffrances que, depuis des siècles et des siècles, le peuple a endurées sur la surface du globe, non par une suite des lois de la nature, mais des vices de la société, le nombre en égalerait celui des brins d'herbe qui couvrent la terre humectée de ses pleurs.
>
> (LAMENNAIS).

L'histoire, a dit un ancien philosophe, est le témoin des temps, la lumière de la vérité, l'école de la vie.

C'est en effet de l'ignorance des peuples qu'est venue presque toujours leur facilité à se laisser séduire. Le peuple ne connaît pas assez l'histoire de la Révolution française, il connaît encore moins l'origine et les causes de cette Révolution. S'ils pouvaient remonter à la source, et examiner attentivement les bases antiques de la société, telle qu'elle existait avant 1789, évidemment tous les enfants du peuple seraient animés d'un même esprit politique, obéiraient aux mêmes tendances, et pas un d'entr'eux assurément n'oserait s'élever contre les doctrines républicaines.

Quelle que soit notre insuffisance, nous allons esquisser rapidement, dans l'intérêt des masses, qui n'ont pas le temps de compulser nos annales françaises, quelques faits historiques qui viennent à l'appui de nos opinions démocratiques et que les passions royalistes ont toujours cherché à travestir.

Tant d'hommes ont un intérêt à méconnaître la vérité, à flétrir les doctrines les plus saines, les plus légitimes, qu'il faut aujourd'hui lever les masques, appeler la vérité au grand jour, pour que son flambeau éclaire les hommes, et que l'on apprenne enfin que le succès de nos adversaires n'est dû qu'aux préjugés, qu'à l'ignorance.

La Révolution de Février a mis en dissolution les vieilles idées, qui se sont évanouies comme des vapeurs insalubres. Qui pourrait désormais arrêter l'essor de la pensée démocratique? Que l'on ne se berce plus d'illusions et de chimères. La monarchie n'est plus possible en France : elle-même a creusé son tombeau pour s'y précipiter et s'y ensevelir à tout jamais; car ses doctrines ne tendaient qu'à corrompre les mœurs, à énerver les esprits, à répandre le mensonge, à décrier les hommes qui voulaient hâter la marche incessante de la civilisation.

Le peuple ignore les abus, les tyrannies, les souffrances qui pesaient sur lui avant la Révolution francaise. Il ne se fait pas une idée de cette exploitation royale dont il était chaque jour la victime; de ce profond mépris dont on l'accablait, de cette oppression sous laquelle il gémissait.

Les rois alors régnaient avec un tel prestige qu'à leur aspect les hommes semblaient frappés de stupeur.

Tous ceux qui réclamaient des améliorations, qui appelaient des réformes, qui proclamaient les idées de progrès, devenaient l'objet des plus terribles anathèmes. La monarchie se déclarait leur ennemie mortelle, car elle n'a jamais voulu l'émancipation de la pensée humaine, et s'est toujours fatalement appliquée à proscrire tout ce qui tendait au bien du peuple et au principe d'égalité.

Les rois ont toujours contesté les droits de l'homme. La civilisation apparaissait à leurs esprits comme un fantôme menaçant. Aussi tous leurs efforts n'avaient pour but que de tenir le peuple dans l'ignorance. Par leurs travaux, par leurs principes, ils s'appliquaient constamment à combattre les écrivains dont les plumes étaient dévouées à la noble cause de l'humanité.

Les rois, depuis leur origine, doivent être regardés comme les plus grands ennemis des peuples. Leurs intérêts, leurs ambitions, leurs caprices ont inondé la terre de sang. Aucun n'a travaillé en faveur des classes ouvrières; aucun n'a voulu améliorer leur sort; aucun ne s'est dévoué à leur régénération politique et morale; aucun n'a posé les bases de ce grand principe d'égalité dont la puissance a fini par renverser l'ancien ordre social, si hostile aux classes souffrantes.

C'est un fait malheureusement constant que la monarchie a toujours été oppressive, inhumaine, corruptrice, ruineuse; elle a employé toutes ses forces à combattre la raison la morale, la liberté. Elle a cru aveuglément résoudre les difficultés par la force matérielle, et ne s'est jamais aperçue que les idées, une fois lancées et comprises par les peuples, étaient plus puissantes que les baïonnettes et les canons. On ne triomphe point de ces idées en les ajournant; on ne leur donne au contraire que plus de force : les obstacles enflamment les passions. Le seul moyen de gouverner à l'aise et sans danger, c'est de ne jamais se mettre en dehors des améliorations et de prendre l'initiative de tout ce qui peut moraliser les masses et leur donner l'impulsion du bien, de la justice, de la vérité.

Il n'est plus permis de méconnaître ces principes ou de les combattre. Avec le bon sens, l'intelligence, qui règnent aujourd'hui dans les masses, on ne peut se tromper sur les événements qui s'accomplissent avec tant de rapidité. Il est tout aussi facile de discerner la bonne ou la mauvaise politique. Il n'est pas moins aisé d'apprécier les hommes que de se prononcer sur leurs actes, sur leurs intentions, quand on connaît bien leurs antécédents,

La politique n'est plus un dédale obscur, et, grâce aux bienfaits de l'instruction et de la liberté de la presse, cette sauvegarde des peuples, chacun peut se prononcer sur la science politique de nos législateurs, et se former exactement une opinion et sur leurs sentiments et sur leurs doctrines.

Les peuples ne sont plus dans l'enfance. Ils ont répandu sur la terre un sang si précieux pour la conquête de leur liberté; ils ont tellement combattu l'oppression partout où ils la rencontraient, que leur cause a excité un intérêt général, et que les plus grandes intelligences y ont consacré tout ce qui leur restait de force et d'ardeur.

Après les grands événements qui se sont accomplis depuis soixante ans, il n'est plus possible de nier la nécessité des réformes sociales dont tous les bons esprits sont du reste sérieusement préoccupés.

La Révolution de Février a donné une impulsion immense à la pensée. La classe ouvrière réclame aujourd'hui des améliorations, des réformes, dont il est instant de s'occuper, car une plus grande résistance conduirait évidemment la société à de nouvelles et plus sanglantes révolutions.

Mais à quel principe, à quelle doctrine, doit-on s'arrêter? En présence de tant d'écoles diverses, comment arriver à la connaissance de la vérité, de la justice? comment descendre dans l'arène au milieu de tant de lutteurs dont chacun porte un drapeau différent?

Sans doute les réformes sociales sont difficiles à accomplir, et l'on ne se dissimule pas que tant d'intérêts mis en présence peuvent exposer la société à une inévitable conflagration. Mais doit-on attendre que la lutte vienne d'en-bas? doit-on s'exposer à de nouvelles explosions populaires? Doit-on s'obstiner à la résistance et crier anathème à des doctrines qui deviennent chaque jour plus puissantes? croit-on les étouffer, les vaincre, ces doctrines, par ces seuls mots : « Ce sont des utopies? »

Oh! non. Ne retombez pas dans les erreurs des siècles passés. Ne condamnez pas les réformateurs du dix-neuvième siècle de même que l'on condamnait Viclef, Jérôme de Prague, Jean Huss, pour avoir dénoncé, eux aussi, le règne des oisifs, invoqué, contre l'accaparement de la richesse, l'autorité de l'Ecriture et proclamé la souveraineté du peuple.

Car les réformateurs de notre époque, que vous traquez de toutes les manières, pourraient bien vous rappeler les paroles de Jean Huss, lorsqu'on le menait au supplice : « Je me félicite, dit-il, de porter cette couronne d'opprobre, en mémoire de Jésus, qui porta une couronne d'épines. »

L'homme tombe, il est vrai, il meurt! mais la pensée une fois lancée, répandue dans les masses, la pensée se révolte contre ses persécuteurs; elle grandit dans la lutte, elle brille de tout son éclat, et plus ses adversaires cherchent à la comprimer, plus elle se montre menaçante contre eux, et tôt ou tard elle triomphe des hypocrites et des ignorants.

Si vous voulez empêcher de nouvelles commotions, mettez-vous à la tête des mouvements réformateurs. On n'est aujourd'hui puissant qu'à la condition de prendre l'initiative de toutes les améliorations dont les masses ont besoin. Si vous cherchez votre force ailleurs, vous échouerez nécessairement. Ce n'est pas en vous entourant de baïonnettes que vous triompherez. Au milieu de vos soldats vous vous trouverez isolés, faibles, car le soldat comprend maintenant que la cause du peuple est la sienne et qu'il doit marcher, non pas contre la pensée, mais avec la pensée de l'intelligence, de l'amour, de la fraternité.

Les esprits sont aujourd'hui pleins d'inquiétudes. On craint le signal d'une révolte. L'Europe paraît être en feu. La situation est d'une profondeur effrayante. Le moindre choc pourrait amener les plus terribles événements. La société est véritablement ébranlée. Qui la sauvera? qui la fera rentrer dans une voie régulière? Qui arrêtera nos audacieux réformateurs?

Qui? Les bienfaits des réformes elles-mêmes, si un gouvernement bien intentionné et confié à des mains démocratiques comprenait la situation pleine de périls dans laquelle nous nous trouvons, et s'associait aux doctrines bien légitimes, aux réformes sociales dont l'explosion est inévitable, si l'on ne sait les diriger, si l'on ne sait leur opposer que la résistance et la force matérielle.

Pourquoi les gouvernements n'ont-ils pas été réformateurs et n'ont-ils pas pris, eux, dans toutes les circonstances, l'initiative du progrès?

Le pouvoir qui est à la tête d'une nation doit en comprendre les besoins, les idées, et lui donner toutes les impulsions salutaires; avec ces principes, la société aurait accompli son œuvre d'émancipation sans violence, sans secousses, et prévenu ces tiraillements, ces désastres qui jettent un long deuil dans le pays, et paralysent le travail, le commerce et l'industrie.

Les gouvernements ont toujours marché au rebours des intérêts sociaux ; ils n'ont jamais compris cette sainte loi du progrès, si tutélaire, si bienfaisante, si féconde, qui, bien étudiée par un pouvoir intelligent, eût accompli, en dehors de toute violence, l'œuvre régénératrice et démocratique à laquelle nos pères ont sacrifié leur repos, leur mémoire, leur vie!

Ce qui nous a le plus frappé depuis un demi-siècle, c'est le règne de Louis-Philippe, dont les pavés de Juillet avaient élevé la puissance et dont le système politique était évidemment une négation, une étrange anomalie, et la plus cruelle injure à cette Révolution de 1830 qui partout réveillait de si beaux dévouements et de si profondes sympathies.

Nous en dirons autant de ceux qui se sont mis à la tête de la République depuis 1848.

Mais d'où vient donc cet aveuglement qui pousse tant d'hommes à renier, à méconnaître leur origine et à outrager les principes démocratiques, les seuls qui puissent assurer au gouvernement justice et force? Comment comprendre que les hommes politiques de notre époque se soient si longtemps associés à un système dont tout le monde prophétisait la chute? car les doctrines du pouvoir déchu ne pouvaient prévaloir davantage sur cette France dont on froissait chaque jour les idées et les sympathies avec tant de cynisme et de dédain.

Eh bien! les mêmes hommes gouvernent aujourd'hui la République! quelles doivent en être les conséquences?...

Il est vrai de dire que, depuis le Consulat, les résistances les plus violentes aux améliorations sont venues de ceux qui ont occupé les premiers emplois; et, au lieu d'élaborer des lois démocratiques qui convenaient à l'esprit de la France, de moraliser le peuple et de lui enseigner ses droits et ses devoirs, nos grands hommes politiques avaient l'habitude de traiter d'utopies les doctrines les plus justes, les plus légitimes, de repousser bien loin d'eux, sans nul souci du lendemain, les idées théoriques que l'on opposait si victorieusement à leurs idées pratiques, lesquelles froissaient sans ménagement aucun les intérêts de ces masses dont on a méconnu les imprescriptibles droits.

Et pouvait-il en être autrement sous le règne de la monarchie, même constitutionnelle? Du moment qu'un homme est inviolable, quelle que soit sa conduite, il ne porte la responsabilité d'aucune de ses actions; n'est-il pas alors élevé à la hauteur des choses divines? n'est-ce pas tout rapporter à lui? Entouré d'un nombreux cortége de flatteurs qui, dans toutes les circonstances, préconisent son infaillibilité, cet homme n'acquiert le sentiment de son impuissance que lorsque le sol, creusé sous ses pas, s'écroule, entraînant dans sa chute hommes et choses.

C'est l'histoire de toutes les royautés! tant qu'il en existera, l'élément monarchique sera la plaie des peuples, le fléau de l'humanité!

Tandis que l'esprit rénovateur pénétrait partout et grandissait chaque jour davantage; tandis que les croyances nouvelles convergeaient vers une régénération politique et appelaient avec un éclatant enthousiasme le triomphe des doctrines républicaines; tandis que le peuple se rendait maître de ses idées, et que l'esprit d'examen soulevait les plus hautes questions politiques et sociales, nos hommes d'Etat, eux, enivrés par la flatterie, entourés de courtisans, livraient au ridicule ces saintes doctrines proclamées par les nobles intelligences.

Nous sommes aujourd'hui absolument dans la même situation ; cela n'est pas étonnant : les mêmes hommes sont au pouvoir. Sous Louis-Philippe, ils résistaient, ils furent brisés ; sous la République, ils résistent de nouveau, ils seront encore brisés.

Combien de luttes on eût évité ; que de sang n'eût pas été répandu, si les hommes qui ont été appelés depuis si longtemps à présider aux destinées de la France, eussent compris les sentiments politiques de leur siècle ! Mais au lieu de s'associer aux efforts des populations, de résoudre avec elles les questions qu'elles agitaient, afin de leur donner une solution pacifique, nos gouvernants, croyant comprimer la marche des idées, nièrent l'irrésistible puissance du mouvement réformateur et ouvrirent le gouffre où ils se sont aveuglément précipités.

Que le gouvernement républicain de Février se fonde sur le grand principe de la démocratie. Que la souveraineté du peuple soit la base et le point de départ de toutes nos institutions. Que les réformes politiques et sociales se répandent dans les masses, dont les droits ont été trop longtemps méconnus ; que les peuples enfin reçoivent les améliorations dont ils ont si grandement besoin, car leurs vies sont chargées de labeur ; qu'ils ne gémissent plus dans les angoisses de la faim ; qu'ils ne soient plus délaissés par les hommes qui sont à la tête du pouvoir. Là seulement est le port où s'abritera la société fatiguée de secousses.

Mais que dis-je ? les hommes qui sont aujourd'hui à la tête de la République s'efforcent encore d'étouffer les idées démocratiques qu'ils regardent comme antipathiques à leurs goûts et à leurs sentiments. Ils travestissent toutes ces idées, et, de même que leurs prédécesseurs, ils jettent le voile de l'oubli sur les révolutions qui se sont si heureusement accomplies, et froissent, sans s'en apercevoir, ce peuple plein de spontanéité dans ses élans, plein de puissance dans son bras !

Quoique vous fassiez, quoique vous disiez, la Révolution de Février établira en Europe des doctrines nouvelles. Ces doctrines agitent déjà les peuples. Des signes précurseurs d'une délivrance prochaine éclatent de tous côtés. Il sera donné à la génération actuelle de voir le grand triomphe de la liberté, de l'égalité, de la fraternité, sur les priviléges, l'exploitation et l'égoïsme.

Assez longtemps le labeur et les privations du pauvre ont alimenté le superflu du riche. L'émancipation des masses, des classes ouvrières, approche. Nous touchons à un nouvel état social où il y aura communauté de droit, de travail, de justice.

La masse, qui est toujours jeune, toujours possédée des mêmes instincts, des mêmes désirs, toujours impatiente d'avancer et de connaître ce que lui réserve l'avenir, toujours dévouée à ceux qui la conduisent au but ; la masse est la mère qui fournit des milliers d'enfants ; elle a des entrailles palpitantes d'amour et de devouement, et elle saura dire aux débordements du pouvoir ce que Dieu dit aux flots : « Vous n'irez pas plus loin ! »

Oh ! que le travail de la civilisation démocratique a été laborieux et que de traces sanglantes ont laissées sur la terre les monarques, pour arrêter le mouvement de la pensée et étouffer les idées libérales !

Si la liberté n'eût pas été constamment poursuivie par les rois, il est bien évident qu'elle aurait triomphé sans combats, et que, semblable à ce cours d'eau paisible qui féconde les terres d'une manière égale et uniforme, ou comme ces phares lumineux qui tracent la route aux voyageurs égarés, la liberté aurait ouvert paisiblement, par l'éclat de sa puissance, les routes nouvelles de l'humanité; tandis que ce n'est qu'à grands coups de marteaux, dont le son vibre encore à l'oreille, que le peuple, de sa puissante main, a démoli la forteresse où les rois trônaient en despotes et d'où sortaient impitoyablement les arrêts de mort dont tant de citoyens ont été victimes.

Ah ! que votre mémoire soit bénie, héroïques martyrs de la cause du peuple ! vous avez affronté tous les dangers, tous les périls, pour faire entendre les accens de la vérité démocratique; vous avez versé votre sang pour le triomphe de la civilisation dont vous avez été les précurseurs et dont les bienfaits devaient profiter à d'autres générations que la vôtre. L'histoire burinera vos noms sur les pages immortelles qui seront lues avec une profonde reconnaissance dans l'avenir le plus lointain.

Les idées démocratiques n'ont plus de limites en France, en ce sens qu'elles sont pleines de grandeur, de gloire, et que leur puissance rejaillira tôt ou tard sur l'humanité entière.

Ces idées sont invincibles. Elles peuvent être momentanément arrêtées par les dernières attaques d'un despotisme en délire, mais l'heure de la bataille décisive sonnera un jour, qui réduira en poussière les esclaves et les flatteurs des rois.

Alors la patrie triomphante tendra ses bras à ses enfants ! Alors seront vaincus les ennemis irréconciliables des peuples ! Alors la terre produira les fruits de nos grandes et immortelles révolutions !

Quel est l'homme du peuple qui ne maudirait pas aujourd'hui l'absolutisme monarchique, la féodalité seigneuriale, l'orgueil de l'aristocratie nobiliaire, les débauches et les orgies des cours, les priviléges de toute espèce, les *corvées*, *l'impôt de la taille*, *la gabelle*, ou *le sel du devoir*, *les maitrises et jurandes, les lettres de cachet, les juridictions exceptionnelles*, et tant d'autres iniquités qui enchaînaient le peuple d'une manière si désastreuse?

La corvée obligeait le paysan à travailler gratuitement à la réparation des chemins publics. Ainsi, le malheureux qui ne vivait que de la journée, était tenu, d'après les ordres du roi, de réparer, pendant plusieurs semaines, les grandes routes sans recevoir aucun salaire; il devait aussi ses chevaux, ses bœufs, ses charriots,

L'impôt de la taille n'était payé que par le peuple. C'était l'impôt le plus oppressif et le plus inique. Le fardeau ne pesait que sur les gens de la campagne. Les nobles et les prêtres en étaient exempts.

La gabelle frappait le sel d'un impôt monstrueux. Le sel du devoir était de neuf livres par tête d'habitant de tout sexe et de tout âge. Le sel se vendait cinq fois plus cher que sous la monarchie de Louis-Philippe; les prix variaient cependant : il y avait le sel de grandes gabelles et de petites gabelles. Cette contribution écrasait les familles pauvres, car chaque enfant augmentait le fardeau de cette contribution.

Les grands seigneurs étaient encore exempts de cet impôt.

Les *maîtrises et jurandes* entravaient despotiquement le commerce et l'industrie, portaient la plus grave atteinte à l'ouvrier, à l'apprenti, qui devenaient les esclaves des maîtres.

L'apprentissage ne pouvait pas durer moins de sept ans, et il n'en coûtait pas moins de cinq ou six cents francs pour apprendre un état. L'apprenti, une fois engagé, n'avait le droit de se marier qu'après avoir terminé ses sept ans d'apprentissage.

La législation des jurandes et maîtrises était véritablement tyrannique.

Les *lettres de cachet*. Les rois daignaient les signer de leurs mains. Ils en abusaient étrangement. Les maris en étaient toujours les premières victimes. On enfermait ceux dont les femmes plaisaient au roi. Innocent ou coupable, le plus humble comme le plus superbe, chacun pouvait s'endormir au foyer de son château ou de sa chaumière et se réveiller dans la prison, par les ordres du roi, ou le caprice d'un courtisan, ou la fantaisie d'une prostituée.

Les lettres de cachet protégeaient aussi parfois de grands criminels ; un mari, homme du peuple, gênait-il un seigneur, celui-ci l'assassinait pour être plus libre. Le roi, pour le soustraire à la justice, le faisait enfermer quelques mois à la Bastille, et les lois devenaient impuissantes devant cette prison d'Etat. L'assassin de l'homme du peuple pouvait revenir insulter la femme dont il avait tué le mari !

Les rois entendaient ainsi la justice ! et telle était la liberté dont les peuples jouissaient sous la monarchie !

Les *juridictions exceptionnelles* frappaient très souvent les innocents et acquittaient les coupables. La tyrannie des rois ne torturait que le peuple. On créa l'épouvantable *commission de Valence aux fourches ensanglantées*.

Un seul homme, nommé par le roi, avait des pouvoirs illimités : il condamnait aux galères, même à la mort, et sans appel.

Au moyen de cet épouvantable tribunal, écrivait la Cour des Aides de Montpellier, on condamnait des innocents qui avaient eu le malheur de déplaire, et le grand Conseil, par ses évocations continuelles, soutenait ces commissaires avec leur système d'exaction et de supplices.»

Il y avait de ces commissaires dans les principales villes, à Saumur, Reims, Caen, Paris, etc., etc.

Rien n'était plus épouvantable, plus inique, que la justice monarchique.

« On peut bien affirmer, dit M. Armand Marrast, dans ses *Fastes de la Révolution Française*, que le pouvoir monarchique, en France, était la plus infâme, la plus intolérable tyrannie, et que la vie, la liberté, l'honneur du sujet ne trouvaient aucune garantie dans le pouvoir des parlements. »

Les rois, en effet, n'ont pu régner que par des luttes violentes, des systèmes d'intimidation.

Nous allons tracer succinctement, pour l'intérêt des masses, un tableau de ces têtes couronnées dont l'oppression a si lourdement, si longtemps pesé sur le peuple.

Clovis 1er, roi des Français, ouvre cette série de crimes, d'actes barbares, dont l'histoire des monarchies offre le dégoûtant spectacle.

Clovis fit décapiter des princes pour s'emparer de leurs propriétés. Il se fit également amener son frère attaché des pieds et des mains, et, après l'avoir lâchement injurié, il l'assomme à grands coups de massue en présence du public.

La vie de ce roi n'est qu'un tissu de crimes. Le dernier, dont nous allons parler, comble la mesure. Il engagea Sigebert à assassiner son père afin de posséder son immense fortune.

Ce malheureux fils, influencé par Clovis, devient parricide, trempe ses mains dans le sang de celui qui lui avait donné le jour, et dont il s'approprie les trésors.

Clovis, avide lui-même de cette fortune, fait massacrer à coups de hache Sigebert et s'empare à son tour des sacs pleins d'or que le fils parricide avait ravis à son père.

L'histoire s'est demandé quel est le plus coupable de Sigebert ou de Clovis?

Evidemment c'est le roi qui pousse le fils à tuer l'auteur de ses jours, et qui ensuite fait assassiner lui-même Sigebert pour en recueillir l'exécrable héritage.

Clovis laisse pour héritiers, Childebert, Clodomir, Clotaire, Thierry. Les quatre frères régnèrent simultanément. L'un fut nommé roi d'Orléans, les autres, rois de Soissons, de Paris et de Metz.

Il serait trop long d'énumérer les atrocités de ces quatre frères. Leurs crimes soulèvent dans le cœur le plus profond dégoût. Tantôt c'est l'oncle qui massacre son neveu; c'est Clotaire qui poursuit le fils de son frère; Childebert le fait enfermer lui, sa femme, ses deux enfants, et met le feu à la maison et les malheureux périssent dans les flammes.

Chilpéric, quatrième roi de France, ne le cède en rien à ses prédécesseurs, et, comme eux, il souille le trône des plus grands crimes. Il fait égorger ses deux fils, dont l'un avait épousé Brunehaut; il répudie sa première femme, l'étrangle ensuite lui-même avec un linceul, pour se marier avec Frédégonde sa concubine, qui, à son tour, fait assassiner Chilpéric dans la crainte d'être assassinée elle-même par ce roi que Grégoire de Tours a qualifié de Néron de la France.

Brunehaut et Frédégonde se couvrirent de sang et de crimes et leur règne fut une calamité publique.

Sous le règne de Clotaire, Brunehaut est condamnée à être traînée par un cheval indompté, à être ainsi déchirée en lambeaux et à expier tant de forfaits par cet horrible supplice.

Le règne de Clotaire s'est également fait remarquer par d'horribles assassinats. Il eut quatre enfants bâtards, dont deux furent assassinés par ses ordres. Il trancha lui-même la tête à un capitaine saxon, et fit égorger un grand nombre de ses sujets.

Dagobert, fils et successeur de Clotaire II, commit une foule de crimes, tous plus atroces les uns que les autres et qu'il couronna par le meurtre de son frère.

Après Dagobert s'ouvre la longue suite des rois fainéants, fantômes couronnés au nom desquels les maires du palais exercèrent la plus exécrable tyrannie.

La dynastie mérovingienne fut détrônée par Pepin-le-Bref, chef de la deuxième race, que l'histoire nous représente comme tout aussi cruel que les rois ses prédécesseurs. Charlemagne, qui lui succéda, souilla son règne par le massacre de quatre mille Saxons qui s'étaient livrés à lui en toute confiance.

Louis Ier, surnommé le *Débonnaire*, fils et successeur de Charlemagne, passe généralement pour un prince doux et bon, et cependant il fit arracher les yeux à son neveu, Bernard, roi d'Italie, lequel mourut, deux jours après, des suites de cet épouvantable supplice.

Les autres rois de la deuxième race firent assaut entr'eux de cruauté et de scélératesse. La plume se refuse à raconter tous leurs crimes.

Que dirons-nous des premiers rois de la troisième race ? qu'ils ne le cédèrent en rien à ceux de la première et de la deuxième, et que même ils sont plus coupables, car la civilisation commençait à poindre en France, et lorsqu'ils commettaient un forfait, ils obéissaient bien moins aux mœurs barbares du temps, qu'à leurs propres intérêts, qu'à leurs propres passions.

Prenons au hasard un de ces rois, prenons Philippe-le-

Bel, et nous trouverons dans sa vie un forfait exécrable que rien ne peut justifier, le supplice des Templiers. Sans doute, cet Ordre chevaleresque était trop puissant pour qu'on le laissât subsister ; mais ne pouvait-on le supprimer sans livrer impitoyablement aux flammes ses membres les plus illustres ?

Charles V, dit *Le Sage*, exerça une vengeance atroce dont le souvenir arrachera toujours des larmes.

Des habitants de Montpellier ayant beaucoup à se plaindre des militaires de ce roi, en garnison dans leur cité, lesquels violaient, disaient-ils, leurs droits et leurs priviléges, se révoltèrent contre la troupe et dans le combat tuèrent quatre-vingts officiers.

Charles V fit diriger immédiatement sur Montpellier une armée considérable commandée par un prince. Les habitants de cette ville, effrayés à l'approche de ces forces redoutables, allèrent à leur rencontre, la corde au cou en habits déchirés, avec les clés de la ville, suivis des gens d'église portant la croix, tous fondant en larmes, et criant miséricorde.

Dans les rues de Montpellier tout le peuple se mit à genoux à l'arrivée de la troupe, hommes, femmes, enfants, tous criant : *Miséricorde ! miséricorde !*

Jamais aucune ville n'avait présenté un tableau plus déchirant ! jamais aucune population ne s'était montrée plus désolée, plus suppliante !

Eh bien ! le prince, par ordre du roi, fit dresser un échafaud sur la place et déclara que six cents habitants, choisis parmi le peuple, seraient condamnés à mourir.

Savoir : 200 décapités ; 200 pendus ; 200 brûlés, et leurs enfants déclarés infâmes et à perpétuelle servitude, et tous leurs biens confisqués.

Comment qualifier une pareille décision qui condamne à immoler un si grand nombre d'innocents ?

Quoi! choisir 600 hommes du peuple à discrétion, les décapiter, les pendre, les brûler, sans instruction aucune, sans savoir quels étaient les véritables coupables!

C'est là un acte tellement atroce que nous ne trouvons pas d'expression assez forte pour le stigmatiser.

Et ce roi qui ordonne un pareil massacre, s'appelait Charles-le-Sage!

Peuple, réfléchis sur l'histoire de ces monarques, et certainement tu les maudiras.

Disons un mot de Charles VII, qui eut la lâcheté de laisser périr la malheureuse Janne d'Arc, cette fille si généreuse, si célèbre; cette héroïne au courage de laquelle Charles VII devait la conquête de son royaume.

Mais ne soyons point étonné d'un pareil abandon. Est-ce que la générosité, la reconnaissance, pouvaient se trouver dans le cœur d'un roi?

Nous voici arrivé à un règne dont les cruautés, et les crimes sont peut-être sans exemple dans les annales des tyrans.

C'est Louis XI, ce roi perfide, rusé, dévot, dont le père mourut avec la crainte d'être empoisonné par son fils.

Nous ne savons par où commencer le récit des forfaits qui pèsent sur la mémoire de ce roi. Ce prince monté sur le trône, quelques troubles éclatent à Reims. Louis XI y envoie des soldats déguisés qui se mettent à la tête d'une troupe d'assassins! On saisit une centaine de bourgeois, et, sans forme de procès, par ordre du roi, on les fait périr tous sur l'échafaud.

A Rouen, après la paix conclue, et malgré ses promesses, Louis XI renouvelle les mêmes atrocités qu'à Reims, il fait exécuter par la main du bourreau, sans jugement aucun, un nombre considérable d'habitants.

L'un des plus grands forfaits de ce roi fut la mort de son cousin d'Armagnac. Après l'avoir laissé longtemps dans la Bastille, dans une cage de fer, il le fit monter sur l'échafaud, et, afin de lui faire éprouver tous les supplices, Louis XI ordonna que les deux enfants de la victime, revêtus de robes blanches, seraient placés sous l'échafaud au moment où leur père serait décapité.

En effet ces malheureux enfants reçurent le sang de leur père; on les enferma ensuite dans un cachot où ils pouvaient à peine remuer. On les sortait toutes les semaines pour les fustiger, et on leur arrachait tous les mois une ou deux dents. L'aîné devint fou, le plus jeune supporta toutes ces tortures.

Louis XI était essentiellement dévot, il envoyait souvent des présents aux églises, il portait toujours à son chapeau une petite vierge, il était couvert de reliques, et pourtant, sous le règne de ce lâche bigot, plus de quatre mille personnes périrent par ses ordres.

On ne voyait autour de ses maisons royales que des gibets, des roues, des échafauds.

Comment, en présence de pareils crimes, les rois échapperaient-ils à la réprobation de la postérité? Comment les peuples sont-ils restés si longtemps les dupes des monarchies?

François Ier, d'accord avec Léon X, dépouilla la nation et trafiqua des indulgences. François Ier fut l'un des rois les plus prodigues, les plus dissipateurs; il vendait les places de la justice au plus offrant, et corrompait ainsi ce qu'il y a de plus sacré dans la société, les magistrats appelés à juger leurs concitoyens.

C'est aussi sous François Ier qu'éclatèrent des dissensions religieuses qui ensanglantèrent tout le Midi. Les bourreaux brûlaient les malheureux dont la religion n'était pas conforme à celle de leur maître. Les bûchers, les gibets, les échafauds, commencèrent sous le règne de ce monarque qui mourut par la vengeance d'un mari outragé, lequel communiqua volontairement à sa femme une maladie épouvantable dont la maîtresse et le royal amant furent victimes

Cette maîtresse était la *Belle Ferronnière*, et les visites assidues du roi décidèrent le mari à aller dans une maison de prostitution pour y prendre la maladie dont la *Belle Ferronniere* et François Ier furent atteints.

Le règne de ce roi est plein de scandale, de corruption et de sang.

Henri II, fils de François Ier, fut le digne rejeton d'un tel père. Les guerres religieuses arrosèrent de nouveau la terre de sang. On fit une procession à Paris, où le roi assista, après laquelle on brûla un très grand nombre de protestants.

Les victimes étaient attachées, par une chaîne de fer, à une poutre qui jouait en bascule, on les plongeait ainsi dans un brasier ardent, et cette machine infernale se relevant, leur faisait éprouver à plusieurs reprises le plus horrible supplice. Les cris épouvantables d'un de ces infortunés frappèrent si violemment l'âme atroce du roi que toute sa vie il en eut des souvenirs effrayants.

La France était en proie à d'affreux malheurs. Le sang coulait dans les rues sous les rois dont nous venons de tracer bien rapidement les horribles règnes. Mais tout ce que nous venons d'écrire n'est rien en comparaison de ce que nous allons raconter.

Nous allons esquisser à grands traits les actions et les crimes de Charles IX, le plus atroce des tyrans.

Un volume ne suffirait pas pour peindre ce roi dont on ne peut parler sans frémir.

Des assassinats sans nombre signalèrent le commencement de son règne La France devint bientôt une boucherie, ses villes furent inondées de sang. Le parlement de Paris rendit un arrêt qui permit d'égorger les protestants partout où on les rencontrerait. Aussi en tous lieux on les assassinait; on violait leurs femmes et leurs filles avant de les massacrer; rien ne fut épargné; à aucune époque on ne commit de pareils forfaits.

Les magistrats, à leur éternelle honte, avaient commandé *qu'on courre sus aux Huguenots*, *avec l'aveu du pape et de la cour*.

Cette boucherie cesse un instant, mais pour recommencer avec plus de fureur. La tranquillité règne quelques mois. C'était le silence de la mort.

Charles IX et son indigne mère ne sont pas satisfaits. Ils cabalent, ils complotent, ils intriguent de nouveau. Ils ont encore soif de sang; il leur en faut à tout prix. Ils décident, avec leur affreux conseil, le massacre général de tous les protestants. Le signal est donné, le 24 du mois d'août, 1572, à minuit, veille de la Saint-Barthélemy.

« Tous les protestants sont attaqués à la fois, dit un » historien, tous massacrés, hommes, enfants, tout était » égorgé; toutes les rues étaient jonchées de corps morts. » Les prêtres, tenant un crucifix en main et un poignard » de l'autre, couraient à la tête des meurtriers et les en- » courageaient, au nom de Dieu, de n'épargner ni parens » ni amis. On n'entendait dans les rues qu'un horrible » bruit d'armes, de chevaux, d'arquebuses, des cris la- » mentables des mourants, de voix d'hommes qui deman- » daient la vie et miséricorde avec épouvante, et les » huées impitoyables des meurtriers. Le palais du roi, de » ce farouche assassin de tout un peuple, fut un des prin- » cipaux théâtres de carnage. Cet indigne monarque, ce

» roi en horreur à tous les siècles, tirait sur les pro-
» testants avec une carabine, d'une des fenêtres de son
» palais. Catherine de Médicis, tranquille au sein de son
» exécrable cour, au milieu de cette boucherie, regar-
» dait, du haut d'un balcon, ces assassinats, encourageait
» les meurtriers, riait d'entendre les soupirs des mou-
» rants et les cris de ceux qu'on égorgeait. »

Arrêtons-nous un instant sur ce règne, sur ce roi assassin, et demandons-nous comment il se fait que les peuples aient été si longtemps soumis à tant de cruautés?

Et quand on se figure que cet état de choses a duré si longtemps, et que la politique infernale des rois se transmettait de l'un à l'autre comme héritage saint et précieux, on est tout aussi étonné de la patience des peuples que des iniquités de leurs oppresseurs.

Pendant une longue suite de siècles les masses sont restées dans l'enfance, et il a fallu un temps immense pour leur apprendre à connaître leurs droits. La vérité est donc bien difficile à saisir puisque le mensonge, l'erreur, étaient toute la politique des monarques ?

Tout fléchissait devant leur volonté. Tout cédait à leur despotisme.

Ah! que l'on comprenne enfin les bienfaits de l'instruction et que l'on ne révoque plus en doute, que l'on ne conteste plus un seul instant les principes féconds et tutélaires de nos grandes et sublimes révolutions!

Quoi! les âmes timorées sont encore effrayées des échafauds de 93 ! Mais elles ne réfléchissent donc pas que les rois ont arrosé la terre de sang, et qu'à toutes les époques de la monarchie un nombre immense d'innocents ont péri par le feu et la potence!

Cessez donc vos attaques indécentes contre la Révolution française, car elle vous a fait ce que vous êtes aujourd'hui; elle vous a donné la jouissance de vos droits; elle a proclamé l'égalité politique, et, en renversant le despotisme, elle a placé la France à la tête de la civilisation, dont les bienfaits seront un jour appréciés par l'humanité entière.

Mais continuons notre récit, et nous démontrerons que les crimes des rois sont héréditaires, et que la cruauté et la perfidie, les vices et la bassesse, sont inséparables de la monarchie.

Henri III! Son règne est un immense scandale. La dépravation de ce roi inspire le plus profond dégoût. Ses honteuses turpitudes portèrent la plus grave atteinte à la morale publique.

Plein de superstition, Henri III faisait, avec ses mignons, des retraites et des pélerinages pour expier son indigne conduite et son dégoûtant libertinage. Mais il n'était pas seulement débauché; et, de même que ses prédécesseurs, il savait commander les assassins. Du reste, n'avait-il pas trempé, avec Charles IX, dans toutes les horreurs de la Saint-Barthélemy? et quoiqu'il lui eût promis d'oublier tout ressentiment, n'eut-il pas la lâcheté de le faire assassiner? Il méditait lâchement son projet alors qu'il lui donnait des preuves non équivoques de son dévouement.

En effet, Henri III lui donna rendez-vous dans son palais. Le duc s'y rend plein de confiance, et au moment où il entre dans la chambre royale, sept assassins se précipitent sur lui, et Guise tombe percé de coups.

Cet atroce guet-à-pens, commandé froidement par Henri III, souleva la haine des prêtres et des moines; lesquels disaient en pleine chaire: *Qu'il fallait tuer le tyran et que celui qui en débarrasserait la sainte cité entrerait infailliblement en Paradis.*

Ces prédications firent effet. La Ligue mit un poignard à la main d'un moine, Jacques Clément, qui, plein de fanatisme, cherche un prétexte, s'introduit chez le roi, se prosterne à ses pieds, lui remet une lettre, et pendant qu'Henri III lit, le moine lui enfonce son couteau dans le ventre.

Ainsi périt ce roi cruel, lâche, qui s'était livré toute sa vie aux débauches les plus avilissantes, et qui avait non-seulement commandé l'assassinat du duc de Guise, mais qui avait encore présidé aux massacres des protestants.

Henri IV a été l'un des rois les plus vénérés ; il est vrai de dire que son règne n'a pas été souillé de crimes et qu'il ne tyrannisait point ce peuple contre lequel ses prédécesseurs sévissaient avec tant de cruauté.

Il est un principe dont il n'est pas permis de s'écarter et que l'on ne devrait jamais méconnaître : c'est celui de la souveraineté du peuple.

Quoique nous nous plaisions à reconnaître que le règne de Henri IV est loin d'offrir le sanglant spectacle de tant d'autres règnes, nous ne pouvons passer sous silence *son Code des Chasses*, empreint, il faut le dire hautement, d'une tyrannie vraiment sauvage :

Ainsi, *le paysan surpris avec un fusil autour d'une remise, sera mené fouettant, tout autour du buisson où il aura été trouvé, jusqu'à effusion de sang.*

Est-ce possible ! cet Henri IV dont on vante tant la bonté, la vertu, ordonne de frapper le paysan chasseur jusqu'à effusion de sang ! un agriculteur qui se livrera aux plaisirs de la chasse sera ainsi traqué, ainsi déshonoré !

Peut-on pousser plus loin le mépris de l'homme ?

« Celui qui avait ordonné que tout paysan qui serait

« trouvé avec un fusil auprès d'une remise à gibier, se-
« rait battu de verges jusqu'à effusion de sang, peut
« bien avoir fait battre sept ou huit praticiens assem-
« blés dans un cabaret pour leurs affaires, parce qu'ils
« avaient refusé de partager leur dîner avec lui, qu'ils
« ne connaissaient pas, et qui ne se fit connaître que par
« cette action tyrannique, odieuse, comme l'Etoile le
« rapporte. »

Henri IV fut assassiné par Ravaillac.

Louis XIII, fils de Henri IV, renouvelle les actes de cruauté, les crimes un instant interrompus sous le règne de son père. Il fit lâchement assassiner Comines, maréchal d'Ancre, dans son palais, où il l'avait invité à se rendre, et, après cet assassinat, Louis XIII remercia les meurtriers.

La malheureuse épouse du maréchal fut aussi condamnée, comme sorcière (c'était le prétexte), à être brûlée en place de Grève.

Louis XIII assiégeait une ville : les habitants se rendent, le roi absout tous les officiers et fait pendre tous les soldats. Quelle infamie! quelle lâcheté! ceux qui commandent sont déclarés innocents, et ceux qui ne font qu'obéir sont condamnés à mort !

A la Rochelle, il réduisit une partie de la population à la famine et fit ensuite tirer dessus. Des femmes, des enfants, des vieillards sans armes et qui mouraient de faim, périrent ainsi par les ordres barbares de ce roi.

Il se commit d'horribles excès sous ce règne; le sang des hommes les plus éminents coula sur l'échafaud. Louis XIII gouverna comme le plus affreux despote, et montra, envers sa mère, une dureté, une cruauté impitoyable.

Le supplice de Cinq-Mars, auquel ce roi paraissait si attaché, achève de le peindre. 3

Louis XIV, son fils, va lui succéder. Ce règne est l'un des plus longs et partant l'un des plus malheureux pour le peuple.

Les soixante-douze années du règne de Louis XIV plongèrent la France dans les plus grands désordres, dans les plus effroyables malheurs ; la révocation de l'édit de Nantes fut le couronnement de tous les méfaits de Louis XIV.

Cette désastreuse mesure eut les conséquences les plus funestes : tous les protestants émigrèrent de France et portèrent sur la terre étrangère leurs fortunes et leurs industries, un grand nombre d'entre eux furent en butte à des atrocités inouïes qu'ils subirent en véritables martyrs.

La révocation de l'édit de Nantes est un des actes les plus iniques de notre histoire. Louis XIV, en frappant ainsi tant de milliers de Français, en proscrivant le culte protestant, s'est placé au rang des rois les plus odieux et les plus barbares.

Sous le règne de Louis XV on semblait s'étourdir dans le plus scandaleux libertinage. La morale, l'honneur, la probité, n'existaient plus. La licence, les idées les plus épicuriennes s'étalaient audacieusement dans cette cour d'athéisme et de profonde immoralité.

Les doctrines les plus cyniques se propageaient avec un caractère effrayant de scandale et de contagion dont l'opinion publique se révoltait. La régence du duc d'Orléans, dont la fille impudique partageait le lit et les débauches, fut le règne d'une horrible profanation.

La société tombait véritablement en décadence. La politique, sous les mains ignobles des d'Orléans et de l'abbé Dubois, réagit honteusement sur la nation, qui fut lâchement livrée au cabinet d'Angleterre.

« Le sultan du Parc-aux-Cerfs, oublieux de toute di-
» gnité politique comme de toute pudeur privée, pendant
» que les rois du Nord outrageaient la France, resta
» plongé dans les infâmes orgies où la mort vint le sur-
» prendre. »

Autant l'orgie crapuleuse, les vices éhontés, les mœurs dissolues de cette époque portaient atteinte à l'esprit public, soulevaient le mépris de l'honnête homme, autant la politique lâche et honteuse de l'infâme Dubois excitait les antipathies et les colères de la nation.

La cour de Louis XV était tellement entachée de vice qu'elle accélerait évidemment la chute de la monarchie. Du reste, les idées des grands écrivains de ce siècle se propageaient avec d'autant plus d'éclat et de puissance que le règne de Louis XV démolissait tous les principes de morale, d'honneur, de justice, sans lesquels il ne peut y avoir de société possible.

Plus la monarchie perdait de son prestige, plus la nation se relevait. Plus Louis XV et ses ministres étaient libertins et crapuleux, plus l'esprit réformateur pénétrait dans les masses.

Les crimes, les débauches des rois, avaient fait leur temps. On était fatigué du pouvoir absolu. La vérité, qui est malheureusement si longue à se faire comprendre, se révélait avec une force irrésistible. Tant de siècles l'oppressaient qu'elle brisa enfin ses chaînes, qu'elle sortit triomphante pour régénérer l'humanité dont le despotisme des rois avait toujours arrêté la salutaire impulsion.

« Pour avoir une idée des tyrannies passées, il ne
» suffit pas d'en lire un résumé écrit en quelques phrases
» sonores, semé de quelques aperçus prétentieusement
» philosophiques, et coloré par quelques grandes malé-
» dictions à effet; il faut en étudier patiemment tous les

» incroyables détails. Pas un coin du pays où il ne gémit » un opprimé. Il faut le faire revivre avec toutes ses » douleurs, et le replacer, pour l'observer, dans le coin » obscur où il souffrait. Pas une loi, pas un usage, qui ne » fût comme une épine incessamment enfoncée dans les » chairs du peuple : il faut dire ces lois, nommer ces » usages, les décrire comme on décrirait de vieux instru- » ments de torture.

» Certes, il n'est pas d'imagination, quelque puissante » qu'elle soit, qui puisse résumer en quelques pages le » tableau de tant de despotismes divers et de tant de » douleurs disséminées sur toute la surface de la France. » — Pour faire comprendre la Révolution, pour rendre » saisissables les lois de son développement, et surtout » pour donner les raisons de ces luttes intestines qui » l'ont condamnée à la nécessité de se faire terrible et » sanglante, il faut que l'historien vous reporte vers les » détails du passé, et vous convie au triste et révoltant » spectacle de chacune de ces douleurs et de ces oppres- » sions, de tous ces priviléges ridicules et tyranniques, » de tous ces orgueils alimentés, vêtus, décorés par les » sueurs et le sang du peuple. La mission de l'écrivain » serait accomplie si, par la vigueur et la vérité de ses » tableaux, il pouvait, hommes de nos jours, vous faire » souffrir de toutes les souffrances d'alors, et forcer vos » âmes à se révolter au souvenir de toutes ces tortures » sociales qui, par leurs insupportables aiguillons, sou- » levèrent enfin la dernière génération et la forcèrent à » commencer la grande tâche de l'initiation révolution- » naire. »

(Armand Marrast, *Fastes de la Révolution Française.*)

Nous le disions en commençant : c'est de l'ignorance des peuples qu'est venue presque toujours leur facilité à se laisser séduire. Le peuple ne connaît pas assez l'histoire de la Révolution française ; il connaît encore moins l'origine et les causes qui ont amené cette Révolution.

N'est-il pas incontestable que le peuple royaliste ne fait que suivre des traditions erronées, d'aveugles superstitions, en défendant la cause monarchique? Dès que l'ouvrier aura saisi les bienfaits que les révolutions ont amenés, il n'est pas possible qu'il défende longtemps encore la royauté qui, dans toutes les circonstances, à à toutes les époques, a combattu les droits de l'émancipation du peuple.

Qu'était, en effet, le peuple avant 89 ? Partout on l'opprimait. Partout on le sacrifiait. Partout on l'exploitait. Partout il subissait l'action délétère de la monarchie.

Qui pourrait dire le contraire? Qui oserait aujourd'hui soutenir que la Révolution française n'ait pas renversé à tout jamais cette exploitation royale qui a pesé pendant tant de siècles sur le peuple ?

Quand les principes républicains seront bien compris, et ils le seront avant peu, nous pouvons prédire hautement que tous les ouvriers intelligens, et il y en a beaucoup, embrasseront avec bonheur cette sainte cause à laquelle, du reste, se trouvent attachés leur dignité, leurs droits, leurs intérêts.

Il existe un malentendu dans le peuple qu'il est instant de faire cesser. Il n'est pas d'un esprit juste de se livrer à des violences, à des excès, pour défendre un principe. Il faut au contraire faire comprendre paisiblement, et de la manière la plus détaillée, ce que c'est que la Républ que. Il sera certainement facile de constater combien ce système de gouvernement est favorable à la classe ouvrière, combien il peut améliorer son sort, et combien elle est dans l'erreur en marchant dans une autre voie, en suivant une autre carrière.

Du reste, les ouvriers légitimistes de nos contrées, ont un remarquable caractère d'indépendance. Pas un d'eux ne voudrait courber sa tête devant un riche, un bourgeois ou un noble.

Nous sommes donc convaincu qu'en répandant pacifiquement, en dehors de toute violence, les idées républicaines, elles seront bientôt adoptées par la classe ouvrière, dont le cœur est généralement bon, parfaitement libre, mais dont l'éducation politique est encore à faire.

Les hommes comprennent très-bien leurs intérêts, et savent aussi très-bien les défendre. Dès qu'ils comprendront que la République est appelée à déraciner toutes les bases du vieux monde, tous les abus, tous les priviléges, il n'existera plus de croyances diverses entre eux, et unanimement ils marcheront sous cette bannière démocratique qui est appelée à réparer bien des maux, bien des douleurs, et qui doit assurer un avenir de paix, d'amour, de fraternité.

D'où donc est-il advenu que la République reçoive encore les anathèmes d'une partie de la classe ouvrière, si ce n'est de son ignorance et de cette facilité à se laisser tromper par des intrigants, des égoïstes, des roués, dont le triomphe n'est assuré que par le malentendu qui règne dans le peuple?

Oh! oui, ta division est funeste à tes intérêts. Ne te laisse plus abuser par quelques hommes qui ont toujours cherché à l'exploiter et qui, aujourd'hui, se trouvent à tes côtés parce que, depuis notre dernière révolution, tu es l'égal du riche, tu jouis des mêmes droits, et que, comme lui, tu es appelé à nommer tes représentants.

Jette un regard sur le passé, tu seras bientôt convaincu que ceux qui sont maintenant au milieu de toi, te repoussaient comme un pestiféré, avant la République, tandis que les républicains, eux, ont constamment souffert, sacrifié leur liberté, leur fortune, pour ton émancipation et ton triomphe.

Peuple, abandonne ton drapeau royaliste, car ce drapeau n'a non seulement jamais rien fait pour toi, mais encore il t'a opprimé, il t'a méconnu, il t'a sacrifié.

Peuple, rallie-toi au drapeau républicain : c'est le seul qui réalisera cette sainte devise chrétienne : Liberté, Egalité, Fraternité, et qui marchera sans halte, sans repos, jusqu'à ce que tu voies apparaître l'ère des progrès, des réformes, des améliorations.

Après les jours de crise, après les commotions politiques, la confiance reparaît ; le peuple, dans son silence expressif, se recueille au milieu de ses douleurs. Son attitude reste toujours la même, fière et indépendante. Tandis qu'on froisse ses sentiments, tandis qu'on frappe ses défenseurs le peuple, lui, se reproduit partout, et partout il represente la force et la puissance de cette idée dont le flambeau éclaire sa vie, et qui, depuis 89, soulève les plus formidables révolutions.

Le peuple, nous le disons hautement, n'a plus besoin de marcher par des voies souterraines. Avec le suffrage universel, il est permis de lire les destinées de son avenir. Si nous voulons fonder une véritable République, sous l'empire de laquelle s'accompliront toutes les réformes possibles, sachons poser les premiers fondements de l'égalité, sachons respecter notre Constitution. Ne nous aventurons pas dans des théories souvent inapplicables. Réalisons progressivement tous nos projets d'améliorations par de paisibles discussions. La violence est nuisible à l'application des nouvelles doctrines. Indiquons les vices, les abus, les injustices, avec le calme qui convient à notre bonne cause. Les idées avancées ont besoin d'être comprises avant d'être mises en pratique. C'est donc par une lutte froide, paisible, que nous devons arriver à toutes les conquêtes de l'intelligence, à toutes les solutions des difficultés sociales.

Le suffrage universel doit évidemment fermer la voie des insurrections, parce que, avec l'égalité politique, avec la souveraineté du peuple, tôt ou tard on peut, on doit réparer les maux, les souffrances qui pèsent encore si lourdement sur notre société.

Nous ne saurions trop le répéter, quand les idées démocratiques seront sagement développées, il est évident qu'elles se répandront dans les masses avec une extrême rapidité.

Certainement les douleurs populaires exigeraient une prompte solution; il serait à souhaiter que l'on s'occupât instantanément des difficultés, de la gêne, qui règnent dans les classes ouvrières, et de soulager tant d'honorables misères. L'homme généreux gémit de toutes ces souffrances, de tous ces obstacles dont tant d'existences sont entourées. Il serait temps que nos gouvernants fissent une etude approfondie de la situation si précaire, si difficile, dans laquelle se trouve un si grand nombre d'ouvriers dont la position devient chaque jour plus intéressante.

Nos révolutions ne doivent pas se borner seulement à proclamer les droits, l'égalité politiques; elles doivent apporter les améliorations dont les masses ont si grandement besoin.

Le suffrage universel, malgré ses inévitables erreurs est l'une de nos plus brillantes conquètes. Nous devons y attacher la plus haute importance, car d'après nous, c'est l'expression la plus avancée, la plus complète du sentiment révolutionnaire.

Il faut donc aujourd'hui travailler à fonder, à réaliser, des améliorations durables qui produisent un effet salutaire et immédiat sur la classe la plus nombreuse. Toutes les idées économiques doivent être abordées et résolues, si l'on ne veut pas toujours tourner dans le même cercle et dans les mêmes erreurs politiques.

On ne gouvernera paisiblement désormais qu'à la condition d'appliquer à notre société une nouvelle organisation qui doit démontrer à l'ouvrier qu'on s'occupe de lui et qu'il n'est plus condamné à recevoir un salaire qui l'empêche tout juste de mourir de faim.

Et que l'on ne croie pas que nous voulions bouleverser la société pour arriver à cet heureux résultat. Nous respectons, au contraire, tous les droits acquis. Mais des idées nouvelles ont surgi ; des doctrines avancées, trop avancées peut-être, agitent les masses. On signale depuis longtemps les tristes résultats de notre organisation sociale. La guerre semble avoir éclaté entre l'ouvrier et le maître. Des utopies, il faut avoir le courage de le dire, se sont emparées de beaucoup de têtes ; elles se propagent par l'incurie d'un pouvoir toujours condamné à se défendre et à repousser par la force les attaques dirigées contre lui.

Il est temps de fonder un ordre de choses nouveau et de proclamer les réformes salutaires appelées par tant de cœurs généreux, par tant de voix éloquentes.

Faites quelque chose pour le peuple; cherchez les moyens d'améliorer son sort, si vous voulez trouver cette force, cette puissance dont les gouvernements ont si grandement besoin, et dont aucun, jusqu'à ce jour, n'a su s'emparer.

Le caractère distinctif des gouvernements a toujours consisté à ce grand mot : Résistance ! et l'on ne s'occupait jamais du sort que réservait une pareille politique dans l'avenir plus ou moins prochain.

Si nous reportons nos yeux sur les révolutions qui ont éclaté depuis 1789, nous voyons le triomphe constant des minorités. Toute initiative, tout mouvement, toute régénération, toute conquête, émane des minorités. Tous les efforts des majorités, toutes ses résistances, toutes ses luttes, toutes ses lois plus ou moins draconiennes, n'ont amené depuis soixante ans que des révolutions.

Si les minorités triomphent c'est qu'elles représentent des droits nouveaux, qu'elles défendent le saint mot d'égalité, qu'elles prennent l'initiative de toutes les réformes, et que leurs efforts les plus constants ne tendent qu'au triomphe complet de la civilisation.

Pourquoi donc nos gouvernants ne se sont-ils jamais placés au centre de l'opinion, et ont-ils, au contraire, constamment lutté contre les idées d'une population dont les progrès sont sans cesse croissants?

Un pouvoir ne peut être fort désormais qu'en réalisant toutes les théories de progrès d'une possibilité pratique. C'est ainsi qu'il neutraliserait les mauvaises passions, les systèmes absurdes. En dédaignant le noble but que tant de généreux citoyens poursuivent, on irrite la classe la plus nombreuse de la société.

Appliquez-vous donc à résoudre les principales questions de la science économique, afin que la classe ouvrière se ressente des bienfaits qu'elle a le droit d'attendre de nos révolutions.

La politique de la résistance est frappée d'une incontestable impuissance. Elle ne peut léguer qu'un avenir incertain, parce qu'elle comprime les idées les plus patriotiques, les efforts, les sentiments les plus généreux.

La politique du progrès, au contraire, ne peut produire que d'heureux résultats, parce qu'elle fait triompher sagement les réformes, les nouveaux systèmes inhérents à ces grandes révolutions qui sont les grandes improvisations de Dieu par la bouche des hommes.

DIALOGUE

ENTRE

Un Ouvrier Républicain et un Ouvrier Légitimiste.

Le Légitimiste.— Votre République devait améliorer la condition du peuple. Elle devait fonder le travail, éteindre la misère, multiplier partout les réformes, établir le mouvement du commerce et de l'industrie; et, depuis votre dernière révolution, nous sommes véritablement plus malheureux que sous la monarchie. L'ouvrier travaille à peine deux ou trois jours par semaine. Comment voulez-vous qu'il soit content de sa nouvelle position? Pouvons nous de bonne foi nous rallier à la République, alors que depuis sa proclamation nous sommes accablés de misère?

Le Républicain.— Il est vrai que notre condition est plus assujétie, plus triste, aujourd'hui qu'elle n'était sous la royauté de Charles X et de Louis Philippe. Le travail est généralement suspendu. La situation de l'ouvrier devient chaque jour plus pénible. Je conviens que vos plaintes sont fondées et vos observations parfaitement justes. Mais attribuez-vous cet état de choses à la forme, aux institutions républicaines?

Le Légitimiste.— Mais sans aucun doute. La France est monarchique, et, tant que la République existera, l'ouvrier sera malheureux, parce que les riches, ayant peur, resserrent leurs capitaux, et le travail nous est ravi.

Le Républicain.— C'est une rude tâche que celle de vouloir briser l'ensemble des traditions, d'anciennes croyances, de vieux préjugés. Pour introduire dans les esprits de nouvelles doctrines, on doit s'attendre à de grands sacrifices : l'enfantement d'une vérité a toujours quelque chose de douloureux, de dramatique, de révolutionnaire.

Le Légitimiste.— Précisément. Vous voulez imposer votre République par la force, par la terreur, par l'échafaud : comment voulez-vous ne pas effrayer la société?

Le Républicain.— C'est une erreur. Le lendemain du 24 Février les républicains ont été d'une modération exemplaire. Ils ont dirigé le pouvoir dans un moment de crise effrayante; ils ont apaisé l'esprit révolutionnaire dans les circonstances les plus difficiles; et, pour prouver leurs bons sentiments, ils ont aboli la peine de mort en matière politique.

Le Légitimiste.— Cela est vrai : mais, parmi les républicains, vous en avez beaucoup qui veulent renverser la religion, détruire la famille, la propriété. Cette minorité pourrait bien triompher; et si jamais elle arrivait au pouvoir, la société tomberait dans un effroyable désordre. Je sais bien que ce triomphe serait éphémère, mais nous n'en éprouverions pas moins de terribles secousses, car vos exaltés républicains ne pourraient régner par la terreur, et certes ce n'est pas le moyen de faire aimer la République.

Le Républicain.— Dans tous les partis on rencontre des hommes violens qui voudraient pousser à des excès, à des crimes. En politique il y a nécessairement des haines, des passions, des ressentiments. Nous ne disconvenons pas que ces hommes se trouvent aussi dans nos rangs, mais je n'en suis pas effrayé, car je les crois peu redoutables; et si aujourd'hui, avec notre belle civilisation, des voix s'élevaient pour exercer des vengeances, pour rétablir l'échafaud en matière politique, non-seulement ces voix ne rencontreraient pas d'écho, mais elles resteraient impuissantes et frappées de la réprobation publique.

Quant à la destruction de la famille, de la religion, de la propriété, c'est là évidemment la plus grande des utopies, la plus insigne folie; il est impossible que la société périsse, et elle périrait si de pareilles doctrines prévalaient. Mais comment admettre le renversement de ces principes si naturels, si sacrés : est-ce que jamais la masse peut partager de pareilles idées et se livrer à des combats, à des révolutions, pour détruire la religion, la famille, qui émanent de Dieu lui-même? Les principes républicains ne reposent que sur la justice, la paix, la religion, la fraternité, et quand ces principes triompheront, nous sommes bien convaincus que la propriété se développera avec toute sa puissance, et que tous les ouvriers défendront la République, qui est pour eux leur cause personnelle.

Le Légitimiste.— Comment! vous dites que vous attendez le triomphe des principes républicains! Mais ne sommes-nous pas en république depuis bientôt deux années? et qu'a-t-on fait pour la classe ouvrière? Où sont ces avantages, ces bienfaits dont nous autres ouvriers devions profiter? Il est malheureusement vrai pour vous et pour moi que depuis Février l'équilibre est rompu, que le travail est en décadence, et que bientôt, si cela dure, nous n'aurons plus le moyen de vivre. Votre République effraie la société, suscite les mauvaises passions, jette trop souvent le trouble et le désordre dans les rues. Voyez que d'affreux événements sont arrivés dans un si court espace de temps! la guerre civile n'a-t-elle pas éclaté à

Paris, à Lyon, à Marseille ? n'a-t-il pas fallu déployer des forces imposantes pour contenir l'émeute dont le souvenir remplit l'âme de tristesse et de douleur ? Les sentiments que vous exprimez sont fort beaux, la manière dont vous entendez la République apaiserait sans doute les discordes et rallierait à cette forme de gouvernement la classe ouvrière, qui a un si grand intérêt aux progrès et aux améliorations. Si tous ceux qui se disent républicains avaient vos principes, nous serions aussi républicains; car, comme vous, nous vivons de la journée, et comme vous nous avons les mêmes droits à défendre; mais les hommes violens de votre parti effraient, et tous ceux qui possèdent les redoutent considérablement, aussi vous aurez de la peine à répandre vos doctrines démocratiques.

Le Républicain.— Nos lois, notre constitution, nous ont rendu tous égaux. Cette égalité doit faire naître entre les ouvriers une heureuse émulation, car cette égalité est le principe de notre force, de notre élévation, de notre puissance. Notre division jusqu'à ce jour n'a tendu qu'à nous faire opprimer. La République, quoique vous en disiez, nous a rendu nos droits de citoyens : nous pouvons tous concourir à la nomination de nos représentants; et n'eussions-nous fait que cette conquête en Février, elle serait, d'après nous, suffisante pour arriver au développement de la richesse publique et aux améliorations dont nous avons tous besoin. Nous déplorons autant que vous ces guerres de frère à frère, ces luttes intestines, qui divisent tant les hommes et qui fomentent tant les passions; mais ces attaques, si funestes à notre cause, ne se renouvelleront plus, car elles ne tendraient qu'à nous faire tourner dans un cercle de vicissitude et de découragement.

La République a proclamé des vérités immortelles.

Elle ne règnera que sous l'aspect auguste de la justice ; elle rejettera au loin les torches et les poignards ; en s'écartant des passions, des excès, elle ne s'appliquera qu'à consolider la société et à extirper ses vices, ses abus, ses injustices ; elle mettra un frein à tous les mauvais sentiments, à toutes les violences ; elle s'élèvera au-dessus de toutes les manœuvres, de toutes les agitations, qui laissent toujours les traces les plus déplorables. La République constituera la sagesse, embrassera la cause des peuples, déchirera le bandeau des préjugés, proclamera partout les sublimes vérités du christianisme, et de même que le Christ plantait les premiers jalons de la démocratie dans un coin de la Judée, la République, s'identifiant à tous les principes d'une saine morale, en maintenant l'équilibre du monde y répandra ses bienfaits, et sera le tableau d'instruction et un germe de bonheur pour les races présentes et futures !

Loin de détruire la famille, la religion, la propriété, comme ses ennemis vous le font accroire, la République ne veut détruire aucun lien sacré. La loi de l'amour, des affections, de la tendresse, de la paternité, émane de Dieu, et la République, fille de la Religion, ne veut pas cacher ses projets dans des codes mystérieux. La société repose sur des bases immuables, sur des principes éternels, et ceux qui voudraient porter atteinte à ces bases, à ces principes, seraient les plus grands des insensés. Soyez bien assuré que la République ne veut point être sanglante et encore moins fonder l'oppression et le despotisme. Elle ne veut point armer l'homme contre l'homme, la famille contre la famille ; elle veut au contraire développer toutes nos facultés, et inaugurer le règne de la paix comme l'ère des réformes.

Le Légitimiste.— Nous n'avions jamais entendu un pareil langage dans la bouche d'un républicain. Vos bonnes intentions sont méconnues, vos généreux sentiments dénaturés par la calomnie. Il est certain que si vos principes étaient plus répandus on s'y associerait avec bonheur; mais on ne cesse de nous dire que vous voulez détruire la religion, dresser les échafauds, partager la société en oppresseurs et en opprimès; que la République c'est le règne du pillage et de la terreur; qu'il faut toujours voter contre les républicains dans l'intérêt de la société, de la religion, et que la monarchie seule peut nous protéger et sauvegarder nos propriétés et nos familles.

Le Républicain. - Nos adversaires semblent avoir le privilége de la diffamation et de la calomnie; ils ne savent que nous flétrir, nous maudire; impuissants à réfuter nos principes républicains, car ils sont les seuls vrais, les seuls légitimes, les seuls naturels, nos adversaires distillent contre nous le fiel de toute leur haine et ne craignent pas de répandre que la République c'est le brigandage, la dévastation, la tyrannie. Eh bien! soyez convaincu du contraire : la République ne veut que la grandeur, le bien-être du peuple. En frappant de malédiction la tyrannie et les priviléges, elle assiéra sur d'inébranlables bases les principes féconds de la démocratie, qui doivent accroître et perfectionner, dans toutes les limites du possible, la condition si malheureuse de l'ouvrier.

Le Légitimiste — Si ce sont là vos principes, il est évident que nos chefs ne cherchent qu'à nous égarer. Si l'ouvrier légistimiste et l'ouvrier républicain se rapprochaient davantage nous nous entendrions parfaitement; car, comme vous, nous voulons être libres; nous ne voulons supporter le joug de personne, nous ne demandons qu'à nous éclairer. Si la République améliorait notre sort, nous sommes des hommes comme vous, des travailleurs, eh bien! croyez-vous que nous nous proclamerions royalistes? Nous ne disconvenons pas que la monarchie n'a jamais fait grand chose pour le peuple, mais c'est que votre République, quoique vous en disiez, a aggravé notre position, car nous travaillons très peu. Du moment que vous nous prouverez que votre forme de gouvernement ne tend qu'à améliorer, à protéger les masses, nous deviendrons républicains. Mais encore une fois, qu'avez-vous fait pour nous depuis le 24 Février?

Le Républicain.— Il est juste de dire que la République a aggravé notre position plutôt que de l'améliorer. Nous convenons qu'elle n'a encore répandu aucun bienfait sur la classe déshéritée. Nous convenons aussi que les républicains qui ont dirigé le pouvoir après le 24 Février ont manqué de tact, de savoir, de patriotisme; sans expérience de l'administration, ils ont commis des fautes dont les conséquences ont été funestes et à jamais déplorables.

Mais, avec le suffrage universel, il nous est facile de réparer ces fautes, ces erreurs; c'est à nous à nous entendre, à nous concerter pour choisir de bons représentants : du moment que nous enverrons à l'Assemblée nationale des hommes véritablement et sincèrement dévoués à la cause du peuple, il est bien évident que nous aurons gagné notre procès. Jusqu'à présent nos mandataires se sont fort peu occupés de notre misère, de nos souffrances. Vous êtes ouvrier comme moi : pourquoi ne serions-nous pas d'accord pour jeter dans l'urne le même bulletin? Je ne comprends pas notre désunion; quel est donc le mauvais génie qui nous divise? n'êtes vous pas enfants du peuple, de la misère, du travail? Pourquoi nous quereller et crier à bas les carlistes, à bas les républicains? Pourquoi ne défendrions-nous pas le même drapeau? Pourquoi sommes-nous ennemis alors que nous avons la même origine et que nous sommes du peuple? Ah! si nous nous entendions, si nous marchions avec ensemble, les ennemis de l'ouvrier pourraient bien dire : *nous sommes perdus*, la *multitude triomphe* !

Mais nous répondrions : « Tout est sauvé, car si nous « sommes éclairés, nous n'abuserons pas de notre force : « nous ne voulons que nos droits. Nous avons des res« sentiments, nous les oublions : nous étions esclaves, « nous pourrions commander; nous ne voulons qu'être « libres, et la liberté n'est que la justice. »

Le Légitimiste.— Nous ne pensions pas que vous fussiez animés de si généreux sentiments : on nous disait le contraire. Nous avions beaucoup de prévention contre vous, car véritablement nos chefs vous aiment peu et ne cessent de nous dire, toujours et partout, que vous professez des doctrines impies, que vous concertez des desseins perfides, des projets atroces, en un mot, que si vous aviez le succès, vous dresseriez l'échafaud sur la place publique, et que nos églises seraient dévastées. Mais depuis que nous vous entendons exposer vos idées, nous sommes entièrement revenus de notre erreur, et nous avouons que les attaques dont vous êtes l'objet ne reposent que sur la calomnie et la diffamation. Nos chefs, n'osant pas vous attaquer en face et discuter vos principes, ont cherché à nous persuader que vous vouliez étouffer la religion, proscrire la famille, détruire la propriété.

Mais, comme vous, nous sommes hommes du peuple, hommes d'un pénible labeur, il doit donc y avoir uniformité de vues entre nous. Vivant isolés, parcourant des routes différentes, nos ennemis profitent de nos dissentiments et de nos discordes. Les hommes de travail ont un égal intérêt à chercher la vérité; nos chefs légitimistes ont aussi un égal intérêt à nous la cacher; unissons-nous afin d'exposer réciproquement nos croyances et nos opinions. La République, telle que vous la développez, telle que vous l'entendez, ralliera incontestablement tous les enfants du peuple.

Le Républicain.— Nous sommes heureux que vous compreniez les conséquences qui résultent de nos principes. L'intolérance, l'exclusion, la violence, tuent les hommes et les partis. Tâchons d'acquérir ensemble la science politique, et de jeter la lumière dans les esprits encore incertains : il nous sera facile de prouver, comme deux et deux font quatre, que la République c'est le règne de la vérité, de la justice; que le peuple doit être attaché à cette forme de gouvernement, qui ne repose que sur des lois de la nature; que, combattre la République, c'est n'avoir aucune notion du bon sens et aucune sagacité du raisonnement; que l'ouvrier qui se proclame royaliste fait preuve d'une aveugle inintelligence; que l'instinct seul devrait lui faire détester la monarchie, qui est la personnification de l'*individu, du moi, de l'égoïsme*; que la République, au contraire, ne tend qu'à perfectionner l'homme et l'état social; que son unité d'action se répand dans les masses, dont elle cherche toujours à accroître le bien-être; que sa puissance est dans l'alliance avec le peuple; que du moment où elle aura brisé les obstacles dont elle est encore entourée, elle transmettra et communiquera rapidement ses idées, ses vues, ses doctrines, qui assureront solidement ces salutaires réformes vers lesquelles la classe la plus nombreuse jette vainement ses regards depuis trop longtemps; qu'il n'est pas possible que les tendances des ouvriers légitimistes ne se modifient pas; qu'ils n'analysent pas, qu'ils ne comparent pas le principe républicain avec le principe monarchique; qu'ils ne se forment pas une série de raisonnements pour modifier, changer leurs idées, leurs doctrines; qu'ils ne découvrent pas les bienfaits d'un ordre de choses qui s'établit sur la raison, sur la justice, sur le bon sens. Oui, l'ouvrier légitimiste ne peut plus subir longtemps encore l'action monarchique. Du moment qu'il s'en rendra compte, il tombera de surprise d'avoir combattu la République, et il conclura que cette cause est sa cause; que son cœur, ses affections, son bras, lui appartiennent, car de la République, il doit en découler le bien, le perfectionnement, le dogme de la fraternité, le développement graduel de toutes les améliorations physiques et morales dont l'univers a l'incontestable droit de réclamer l'accomplissement.

Le Légitimiste.— Plus nous entendons développer vos doctrines, plus nous nous y attachons; nous comprenons maintenant qu'il y ait tant de conviction chez les républicains. Du moment que cette cause sera comprise, l'ouvrier deviendra républicain: il faut donc propager partout, tous les jours, à tous les instants, ces idées, ces doctrines dont les chefs légitimistes ont voulu nous épouvanter, mais dont nous reconnaissons aujourd'hui les innombrables avantages qui en découleraient sur les masses, qu'il faut éclairer afin de les rallier à la forme républicaine.

Plus de combats. plus de luttes entre les enfants des peuples! Vivons tous en paix, serrons-nous la main. Constituons-nous pour le développement de la pensée, car avec le suffrage universel, nous triompherons. Les hommes de travail ne sont-ils pas les plus nombreux : qui pourrait lutter si nous marchions avec ensemble, avec union, avec persévérance?

Le Républicain.— Oui! répandons la pensée républicaine, qui n'est autre que l'égalité politique, l'égalité des droits, l'égalité entre les hommes. Répandons cette pensée, qui émane de Dieu, qui est antérieure à tous nos codes et qui est appelée à alléger le fardeau, les misères, les douleurs de la classe ouvrière. Que nos sentiments républicains s'identifient avec nos existences ; que nous soyons bientôt régis par des lois sincèrement démocratiques, qui assurent à nous tous, non pas la richesse, il est difficile de l'acquérir, mais au moins le bon marché des denrées de première nécessité. Ainsi, que le pain, la viande, le vin, se vendent toujours à très bon compte afin que nous puissions au moins vivre en travaillant. Après nos pénibles labeurs, après tant de journées de fatigues et de privations, la viande est pour l'ouvrier d'une grande nécessité dont il est cependant obligé de se priver. Que tous ces objets donc, qui devraient nous alimenter quotidiennement, soient mis à la portée de nos bourses ; et nos forces se développeront par une saine et bonne nourriture. Ce serait pour l'ouvrier une bien grande conquête, une immense amélioration, s'il pouvait acheter la viande à bas prix. Quand la République sera ce qu'elle doit être, son premier devoir est de s'occuper à resoudre cette grave et importante question : *il faut que l'ouvrier puisse acheter le pain, le vin, la viande, à très bon compte.*

Mais, pour arriver à cet heureux résultat, il faut démasquer les hommes qui sont la cause de tous nos maux, de toutes nos divisions. Quand nous sommes appelés à choisir nos représentants à l'Assemblée nationale, écartons ceux qui, sans convictions, sans principes politiques, se rallient toujours aux vainqueurs. Ces hommes là ne savent rien fonder, ils ne savent que provoquer les révolutions, dont ils se font le lendemain les très-humbles serviteurs afin d'en détourner le but et les conséquences.

Ne nous laissons donc plus tromper; il y a trop longtemps que cette comédie se joue, sifflons les acteurs. Nous sommes entrés dans une nouvelle voie, dans une nouvelle sphère, que de nouveaux hommes nous gouvernent pour imprimer à la société le mouvement qui lui convient. Ne nous fesons pas de fausses idées, ne demandons pas l'application de théories impossibles et inapplicables; ne nous tourmentons pas réciproquement. Le calme, la moderation, la fraternité, doivent succéder à la violence, à la haine, à la passion. Plus de division entre l'ouvrier, s'il veut fonder une ère de progrès et de réformes, s'il veut inaugurer la véritable République démocratique! Choisissons désormais nos représentants parmi ceux qui nous sont dévoués, et dont les antécédents privés et politiques soient irréprochables; n'accordons notre confiance qu'à des citoyens probes et désintéressés, de devouement et de patriotisme, et qu'ils n'aient jamais accepté de places salariées : le peuple ne doit point donner son suffrage à ceux qui veulent des emplois accompagnés de gros traitements. Écartons aussi ces hommes violents qui n'ont d'autre mobile que la passion et l'intérêt : la violence manque le but, la modération y conduit.

Quand l'ouvrier comprendra bien son mandat électoral, il est évident que sa cause sera gagnée. La République, prenant son essor, modifiera profondément l'existence si laborieuse de l'homme du peuple : la République renferme en elle-même les théories pratiques, la science politique, dont les classes déshéritées veulent aujourd'hui la solution.

Oui! votons désormais avec discernement, choisissons des hommes qui ne veulent, qui ne demandent rien pour eux, qui joignent l'exemple au précepte, qui aiment, qui défendent le peuple, qui connaissent ses misères, qui vivent au milieu de lui, qui sont identifiés à lui, et alors la vérité ne sera plus enveloppée de nuages, elle brisera pacifiquement les obstacles; la République répandra sa lumière avec tout son éclat; les réformes s'accompliront, et les misères de l'ouvrier seront soulagées.

Le Légitimiste.— Oui, cherchons ensemble la vérité. Tous ceux qui nous ont régi jusqu'à présent n'ont jamais rien fait pour l'amélioration des masses. Nous reconnaissons que la République a établi un ordre nouveau, car elle a dit aux hommes : *Je vous donne le droit de choisir vos mandataires : vous êtes souverains.* La monarchie nous avait toujours contesté ce droit, la qualité d'électeur n'était accordée qu'à la fortune, ce qui était souverainement injuste. Les républicains ont constamment réclamé le suffrage universel, et, si aujourd'hui, ce droit est écrit dans la Constitution, c'est à eux que nous le devons, c'est une vérité incontestable.

Du moment que la République ne tend qu'à réparer les maux, qu'à améliorer notre condition, qu'à rejeter loin d'elle tout ce qui pourrait porter atteinte à la famille, à la religion, à la société, il est certain que nous soutiendrons la République; et il est de notre intérêt de voter pour des républicains, car il faut le dire, nos chefs légitimistes, ne voulaient pas du suffrage universel. Ils s'éloignaient toujours du peuple, ne fraternisaient jamais avec lui. Seulement depuis la République ils se sont placés au milieu de nous; ils nous flattent, ils nous caressent; mais sont-ils bien sincères dans leurs nouveaux sentiments? ne se rapprochent-ils pas de l'ouvrier pour capter seulement son suffrage? Sous Louis-Philippe, voire même sous la Restauration, nos chefs n'auraient jamais voulu avoir aucun contact avec l'enfant du peuple. Ce subit revirement donne matière à réfléchir, et il est de nos intérêts de voter pour ceux qui, sous la monarchie comme sous la République, ont défendu les mêmes principes, soutenu la même cause.

Le Républicain.—Vos réflexions sont très-justes, parfaitement fondées. La vérité, une fois démontrée, est facilement comprise? Nous sommes ouvriers, nous gagnons notre pain à la sueur de notre front. Vous êtes également obligé de travailler; vous n'avez pas plus de ressources que nous. Nous sommes absolument dans la même condition, dans les mêmes rangs; nous avons donc tous la même cause à défendre.

Quand le travail est suspendu, le pain manque à nos femmes, à nos enfants. L'ordre, la tranquillité nous sont parfaitement nécessaires. La violence, les excès, ont pour nous des conséquences affreuses. Que nos manifestations soient calmes et paisibles. Discutons avec la plus grande modération, c'est le seul moyen d'apporter la conviction dans les esprits. Croyez bien que nous ne voulons rien détruire, nous voulons au contraire fonder. Nous voulons arriver, par la logique du raisonnement, par la force de la persuasion, à répandre nos principes républicains dans cette partie du peuple qu'on égare, qu'on trompe depuis longtemps, et dont l'éducation politique, une fois formée, assurera un triomphe complet à la République.

L'ignorance populaire est la cause de tous nos maux. L'instruction nous réconcilierait tous et nous apprendrait à remplir nos devoirs, à connaître les hommes, à défendre nos droits. Ne vivons donc plus dans la contradiction, dans l'ignorance, écoutons-nous de sang froid les uns et les autres. Il sera facile de démontrer, de comprendre que le système républicain est essentiellement dans l'intérêt de l'ouvrier, et que l'ouvrier qui n'aime pas, qui ne défend pas la République, est dans une illusion complète, dans une ignorance profonde.

Du moment que l'instruction sera répandue dans les masses, l'ouvrier ne se bercera plus de rêveries royalistes et embrassera au contraire la cause républicaine. L'homme du peuple raisonnable ne peut pas en effet admettre d'autre croyance ; car la monarchie n'a toujours été qu'un mélange confus de domination, d'égoïsme, de corruption, d'avidité, d'immoralité dans les temps modernes, et d'oppression, de tyrannie, de bassesse, de lâcheté, de crimes dans les temps anciens. La preuve de tout ce que nous avançons se trouve à chaque page, à chaque ligne de l'histoire, les faits abondent et soulèvent l'honnête homme. Vainement on voudrait les contester, les révoquer en doute.

Nous le disons avec une conviction profonde, la République c'est la chose publique, c'est la chose de chacun. Mais, avant tout, la République est essentiellement favorable à la classe ouvrière, car il doit en résulter pour elle une foule d'améliorations qui ont toujours été combattues, étouffées par les monarques, dont les principes de corruption et de perversité ont si lourdement pesé sur le peuple.

Le Légitimiste.— Le développement de vos doctrines porte la conviction dans nos âmes. Plus les ouvriers recevront de l'instruction, plus ils s'attacheront à votre cause, que nos chefs nous présentaient comme une cause de désordre, d'anarchie, qui nous plongerait tous dans le plus grand des abîmes. Puisque la République est un moyen puissant d'influer sur la position si précaire de l'ouvrier; qu'elle doit établir les améliorations, corriger les abus, maîtriser les passions, détruire les priviléges, et répartir enfin la somme du bien possible à la classe ouvrière, entendons-nous sur les réformes les plus urgentes et les plus nécessaires.

Le Républicain.—Ne nous égarons pas dans des utopies sociales ni dans ce labyrinthe de doctrines toutes plus inapplicables les unes que les autres : ne demandons pas l'impossible si nous voulons arriver à de bons résultats ; arrêtons nous à des systèmes praticables qui nous conduiront, en-dehors de toutes secousses, à un bienfaisant progrès qui, en s'adaptant à toutes les nouvelles idées, sera le levain fécond de toutes les améliorations.

Oui, agissons prudemment: les ouvriers doivent l'exemple de l'union, de la plus parfaite harmonie. Puisqu'il existe tant de préventions défavorables contre les républicains, nous avons besoin de montrer une bonne conduite, afin de prouver à nos adversaires que nous ne voulons pas détruire la société, mais seulement lui apporter les légitimes réformes qui lui sont dues. Nous ne voulons pas davantage détruire la religion et faire l'apologie de l'athéisme, ainsi que le disent vos chefs légitimistes. Nous portons le même respect à la Religion qu'à la République ; nous regardons l'une et l'autre comme deux sœurs unies, inséparables et immortelles, dont la division ensanglanterait l'humanité entière. Du reste nos principes sont écrits en lettres d'or et ineffaçables dans toutes les pages de l'Évangile ; et celui qui mourait sur la croix, il y a dix-huit cents ans, est à nos yeux l'un de nos plus grands réformateurs, car de sa bouche n'émanaient que des paroles de paix, d'amour, d'affection, de fraternité. Les républicains sont et doivent être attachés à la religion du Christ, qui prêchait toujours au milieu du peuple, dont il voulait la complète émancipation et dont il a été le martyr et le rédempteur.

« Nier la religion c'est nier le devoir ; et, puisqu'il
« existe de vrais devoirs, il existe une vraie religion ; et,
« puisque les devoirs sont, par leur essence, invariables

« et universels, la religion aussi est, par son essence, in-
« variable et universelle.

« Pour remplir les devoirs il faut y croire, et par consé-
« quent croire aux vérités sur lesquelles ils reposent. La
« religion implique donc la foi comme sa base première,
« comme l'indispensable condition de la vie morale, con-
« dition elle-même de l'existence de la société et du
« genre humain.

« Aussi le genre humain croit-il, en vertu de la nature
« même, primitivement, nécessairement.

« Il croit en une cause suprême, créatrice, infinie;
« et le nom de Dieu, le nom trois fois saint du Père de
« l'univers, se retrouve en toute langue humaine.

« Outre les devoirs généraux il en existe de particu-
« liers, et premièrement les devoirs de famille.

« La famille, permanente comme la société, en est l'é-
« lément primitif: les relations qui la constituent, anté-
« rieures aux lois positives, dérivent directement de la
« nature même. Un être incapable de se reproduire est
« un être incomplet: la femme est donc le complément
« de l'homme, ils s'appellent, se supposent l'un l'autre,
« ne forment en deux corps qu'une même unité, et les
« enfants qui procèdent d'eux ne sont en réalité qu'un
« prolongement, une continuation de leur être commun;
« ils revivent en eux, comme on le dit, et, par les géné-
« rations successives, se perpétuent indéfiniment.

« Ainsi le mariage n'est point une institution arbi-
« traire; il est l'union physique et morale d'un seul
« homme avec une seule femme, qui se complètent l'un
« et l'autre en s'unissant; et toute atteinte portée au ma-
« riage, à son unité, à sa sainteté, est une violation des
« lois naturelles, une révolte insensée contre le Créateur,
« une source de désordres et de maux sans nombre.

« L'égalité parfaite, absolue, non des droits (celle-ci « constitue l'ordre même), mais des positions et des avan- « tages annexés à chaque position, n'est point dans les « lois de la nature, qui a distribué inégalement ses dons « entre les hommes, les forces du corps et celles de l'es- « prit. Sans cela, que serait la société ? Comment sub- « sisterait-elle, comment se développerait-elle, si la di- « versité des génies et des aptitudes ne produisait comme « une série de destinations correspondantes aux fonc- « tions qu'elle implique, depuis les plus humbles jus- « qu'aux plus élevées ? Ceux-ci labourent les champs, « ceux-là cultivent la science, et tous contribuent, à « leur manière, au bien commun.

« Le mouvement même de la vie sociale oppose un « obstacle invincible à l'égalité des fortunes : établie le « matin, le soir elle n'existerait plus ; l'industrie plus ou « moins intelligente, plus ou moins active, la bonne ou « mauvaise économie, l'auraient déjà détruite. Et l'on « ne doit pas s'en plaindre ; car ce continuel effort de « chacun, cet instinctif emploi de ses facultés pour aug- « menter son propre bien-être, est une des conditions du « bien-être général. »

Voilà comment s'exprime l'un de nos premiers républicains, l'un de nos plus grands philosophes. Voyez maintenant si nos doctrines sont telles qu'on vous les a présentées. N'êtes-vous pas entièrement converti et persuadé que la République n'est ni la spoliation, ni l'anarchie, ni le renversement de la famille, de la religion, de la propriété, mais bien au contraire le règne des principes de la plus sévère morale, de l'ordre le mieux établi ; et que, loin de vouloir se fonder sur des ruines, sur des cadavres, la République ouvrira une ère nouvelle de progrès et jettera une nouvelle semence dont le fruit et la moisson appartiendront plus particulièrement à la classe déshéritée, qui ne doit son malheur qu'à son ignorance?

Oui, la République de 1848 doit être et sera toujours magnanime et fraternelle. Du moment que l'ouvrier aura étendu la sphère de ses connaissances, son langage deviendra tout républicain : en acquérant l'instruction, il maudira la royauté, et il adorera la République, qui n'est que l'accroissement, l'extension de son bien-être et le développement de toutes ses facultés.

Le Légitimiste.— Vos sentiments ne laissent plus rien à désirer : vous avez donné une si heureuse interprétation à vos doctrines que nous ne devons plus nous inquiéter de leurs conséquences. Vos idées ne sont plus pour nous des fantômes, mais bien des vérités utiles, salutaires, fécondes, qui doivent civiliser, purifier, harmoniser la classe ouvrière : nous n'avions aucune notion de votre culte républicain ; nos chefs le maudissent tellement que nous le tournions-nous mêmes en ridicule et en folie ; et ensuite nous regardions généralement les républicains comme des hommes de désordre. Mais aujourd'hui nos craintes sont dissipées. Nous nous associerons à vous pour défendre nos droits ; nous pouvons tout par nous-mêmes. Tous ceux qui endurent l'ardeur du soleil, qui coupent la moisson, qui sillonnent les champs, qui construisent nos canaux, nos palais, nos maisons, nos chemins de fer ; qui traversent les mers, malgré les flots et les tempêtes, pour porter au loin les produits de l'industrie, tous ceux-là, disons-nous, doivent être animés des mêmes sentiments, marcher dans la même carrière, vivre en frères, pour faire établir de bonnes lois, pour choisir des législateurs qui aient des sympathies pour la misère, de l'amour pour l'ouvrier, du dévouement pour le peuple.

Contractons une sincère alliance ; nous triompherons, car toute force émane de nous.

Le Républicain.— Nous ne saurions trop le répéter, la République est appelée à développer par degré toutes les questions de bien-être, d'aisance et de réformes Les progrès politiques ont été immenses depuis un demi siècle ; nous ne pouvons en acquérir davantage : sous ce rapport la Révolution est accomplie, car avec le suffrage universel l'égalité domine.

Mais cette égalité ne répond pas à tous les besoins de notre époque; quoique cette égalité soit la lumière de la vérité, le phare brillant de notre cause, la plus grande conquête de notre siècle, l'œuvre n'est pas terminée, à peine est-elle ébauchée. La tâche des hommes politiques devient au contraire plus difficile, plus épineuse; car du suffrage universel doivent réjaillir les lois démocratiques dont l'ensemble inaugurera autant de réformes sociales que la Révolution de 89 a inauguré de réformes politiques.

Avec notre foi actuelle, avec nos idées, l'esprit humain pénétrera dans toutes les difficultés, dans toutes les heureuses découvertes de la science républicaine ; en mettant de côté les utopies, en dévoilant les erreurs, en analysant les doctrines de nos modernes écoles, l'esprit humain érigera en système tout ce qui est vrai, tout ce qui est praticable.

Jusqu'ici la division des partis, les défauts d'une bonne méthode, et disons-le, les hommes violens, ont été causes de nos insuccès : les systèmes absolus ne peuvent prévaloir *ex abrupto* : ils ne créent que des difficultés. Les hommes trop radicaux jugent les autres par eux-mêmes. C'est là leur erreur. Ils ne comprennent pas qu'on ne les comprend pas : ils croient que l'éducation politique est faite, alors qu'elle est à faire. Sans tenir aucun compte de la situation des esprits, ils veulent arriver instantanément, ce qui est véritablement impossible.

On ne fait pas attention qu'en combattant les idées depuis longtemps admises par les peuples, on touche une corde extrêmement délicate. Pour faire rejeter des opinions surannées et y substituer des opinions nouvelles, on doit prendre le langage de la modération, et non celui de la violence. C'est en observant les règles de sagesse, d'urbanité, qu'on porte la conviction dans les esprits même les plus rebelles. Ceux qui méconnaissent ces principes n'ont aucune notion du cœur humain, et ne savent pas combien l'amour-propre est prompt à s'irriter.

Ainsi donc, que les ouvriers républicains et légitimistes se dépouillent de ces formes violentes, de ces idées exclusives, et qu'ils se traitent en amis et en frères. Au lieu de se jeter des regards féroces, au lieu de se battre, ils doivent avoir le même langage, les mêmes sentiments, la même religion, et considérer leur division comme une accumulation de leurs peines, comme une aggravation de leurs douleurs.

Les progrès, les améliorations, les réformes, ne peuvent se fonder que sur l'union de la classe ouvrière. De son unité, de sa tolérance, de sa bonne organisation, dépendent son sort, sa nouvelle destinée et tout son avenir.

Tant que le peuple sera divisé, il ne parviendra à rien. Il ne sera pas moins divisé sous la République que sous la monarchie, tant que les mêmes hommes le gouverneront.

Peuple, notre alliance fera naître le véritable système républicain qui doit s'occuper de nos misères, sous le point de vue le plus vaste et le plus conforme à nos intérêts. Nos représentants royalistes ne viendront jamais à bout de résoudre les difficultés du problème démocratique, car ces hommes-là ne connaissent ni nos souffrances, ni nos pensées, ni nos sentiments, et du reste, n'ont-ils pas toujours dédaigné le peuple, résisté à son émancipation politique? Si aujourd'hui ils se trouvent au milieu de nous, s'ils nous portent quelque attention, c'est qu'ils sont vaincus par la nécessité, par la force des circonstances, par les révolutions qu'ils n'ont su ni éviter, ni prévoir. Pourquoi alors voterions-nous pour des hommes dont les tendances, les intérêts ne sont pas les nôtres, dont la politique étroite et égoïste nous a amené, depuis soixante ans, trois ou quatre nouveaux gouvernements; car les doctrines de ces hommes ne consistent qu'à la négation du progrès, qu'à la plus vive résistance aux idées libérales, qu'à l'asservissement des masses, et qu'à méconnaître et flétrir toutes les idées, tous les principes de nos grandes révolutions.

Ainsi que vous le dites fort bien, car vous comprenez maintenant la forme républicaine, contractons une sincère alliance, nous triompherons, puisque toute force émane de nous.

Aux prochaines élections, accordons nos suffrages à ceux qui connaissent les labeurs du peuple, qui veulent alléger ses misères, et qui aient constamment consacré leur existence à cette sainte cause.

De cette manière, toutes les conquêtes s'accompliront sans troubles, sans effusion de sang. C'est au peuple à donner la leçon à ses gouvernants, dont la triste politique, dont les idées exiguës soulèvent périodiquement les haines et les passions populaires.

« Quelle est donc cette loi qui, à tout grand progrès,
» donne pour condition quelque grand désastre? Sem-
» blables à la charrue, les révolutions ne fécondent le sol
» qu'en le déchirant. Pourquoi? D'où vient que la durée
» n'est que la destruction qui se prolonge et se renouvelle?

» D'où vient à la mort ce pouvoir de faire germer la vie ? »

Nous le disons avec une bonne foi entière, avec une conviction complète, la compression des idées est l'origine de toutes nos révolutions. Quand les gouvernements marcheront dans la voie des progrès, la lutte politique sera terminée. Les hommes avancés et les peuples auront gagné leur procès, car leurs principes auront alors prévalu, et on substituera au système de résistance, à la doctrine de l'individualisme, aux inspirations violentes, on substituera le système des améliorations, la doctrine de la fraternité, les inspirations de la paix et de la conciliation.

« Seul, le bien est absolu; seul il est nécessaire. Le
» mal dans le monde, c'est un immense accident. Et voilà
» pourquoi son rôle est d'être incessamment vaincu. Or,
» tandis que les victoires du bien sont définitives, les
» défaites du mal sont irrévocables : — l'imprimerie res-
» tera ; et l'on ne rétablira pas la torture, on ne rallu-
» mera pas le bûcher de l'inquisition. Que dis-je? il
» devient manifeste, par la marche des choses et la ten-
» dance commune aux graves esprits, que le progrès ne
» s'accomplira plus désormais à des conditions violentes.
» Déjà, dans les relations de peuple à peuple, l'industrie
» est venue montrer que, pour la propagation des idées,
» on peut se passer de la guerre; et dans les relations
» civiles, la raison prouve de mieux en mieux que l'ordre
» peut se passer du bourreau Les religions ont cessé de
» faire des martyrs : il faudra bien que la politique, à
» son tour, cesse de faire des victimes. »

Le Légitimiste. — Il est impossible d'exprimer de plus belles idées, de plus généreux sentiments. Les principes républicains sont de nature à réveiller tous les hommes, et notamment la classe ouvrière. Nous ne doutons plus de la sagesse de vos lois républicaines. Elles sont appelées à reconstituer la société dès que l'instruction aura pénétré dans le peuple. Nous voulons aujourd'hui des garanties, des améliorations, de l'ordre. La République seule peut résoudre toutes ces questions. s'il y a, comme vous le dites fort bien, solidarité, union, entre la classe déshéritée.

De notre main souveraine, de notre même foi politique, nous pouvons refréner les passions, renverser nos ennemis, détruire à tout jamais le germe des révolutions.

Mais, pour atteindre ce but, il nous faut propager l'instruction, détruire la science du mensonge, parcourir les campagnes, les chaumières, pour révéler aux ignorants que la Republique est le gouvernement de l'Evangile, qu'elle n'a d'autre but que celui du Christ, et que celui qui aime, qui respecte Dieu, doit également aimer et respecter la République.

Pourquoi l'ouvrier intelligent refuserait-il de s'associer à cette forme de gouvernement? Pourquoi ne s'y rallierait-il pas de cœur et d'âme? Son ignorance seule, nous l'avouons maintenant, est la cause de ses sympathies pour la royauté. On nous avait toujours trompé. Nos chefs ne cessaient de nous dire que la République ne pouvait s'établir que dans des voies obscures, sanglantes, et qu'elle nous conduirait à la plus détestable oppression. Dans notre bonne foi, nous y avons cru.

Mais les bienfaits de l'instruction feront triompher la pensée. L'instruction communiquera la foi, propagera l'idée, établira l'autorité de la raison et du bon sens, développera toutes les facultés de l'ouvrier, toutes les puissances de son être. Et alors l'ouvrier, connaissant ses droits, ses devoirs, sa dignité, fort de sa conscience, foulera aux pieds les préjugés dont on l'a trop longtemps bercé, et défendra sa propre cause qui est la cause de la République.

Le Républicain. — Oui, pour asseoir la République sur de solides fondements, pour ouvrir les grandes voies à l'humanité, il n'y a qu'un moyen : *l'instruction primaire gratuite et obligatoire.* Du moment que les enfants du peuple seront tenus de savoir lire et écrire, ils ne seront plus placés dans une atmosphère opaque où la lumière ne pénètre pas. Donnez-leur des yeux, faites-en des hommes instruits, vous les verrez aussitôt prendre des habitudes d'ordre, d'économie ; s'adonner à l'étude, à la réflexion, raisonner avec bon sens sur le mérite de tel ou tel qui demande une mission politique, enfin se prononcer, dans toutes les circonstances, avec prudence et maturité, ne se fier qu'à leurs lumières et à leur intelligence, et ne porter en toute chose que des jugements éclairés et empreints de la plus profonde sagesse.

Que l'on nous accorde donc *l'instruction primaire gratuite et obligatoire*, et la République s'introduira avant peu dans tous les esprits des ouvriers. L'instruction devenue obligatoire, l'ouvrier sera intelligent, ne votera plus les yeux fermés, d'après les ordres de telle coterie, mais saura, au contraire, distinguer ses amis de ses ennemis.

L'instruction devenue gratuite et obligatoire, l'ouvrier, qui aura la conscience de sa dignité, ne se laissera plus tromper, ni abuser par aucun intrigant, par aucune coterie. Quand l'ouvrier raisonnera, pourra-t-il, en effet, adopter pour candidats des hommes qui auront voté déjà dans une assemblée précédente, contre les réformes les plus urgentes et les plus généralement réclamées ? Leurs voix ne seront-elles pas, au contraire, assurées aux partisans des progrès ? A la suite de chaque nom qui leur sera présenté, ne pourront-ils pas ajouter une dénomination caractéristique?

Tel représentant, par exemple, qui aura voté contre l'abolition des octrois et de l'impôt des boissons, contre la diminution des gros appointements et la vie à bon marché, ne sera-t-il pas impitoyablement repoussé, alors même qu'il se présenterait soutenu et patronné par des auxiliaires puissants?

Avec *l'instruction obligatoire et gratuite*, tous les hommes sauront lire et écrire; tous pourront alors examiner, discuter, comparer les doctrines républicaines avec les doctrines monarchiques, et les ouvriers resteront convaincus que la forme républicaine est la seule qui leur convienne, la seule qu'ils doivent embrasser, la seule qu'ils doivent défendre. Et, ainsi que vous l'avez très-bien dit : l'instruction communiquera la foi, propagera l'idée, établira l'autorité de la raison et du bon sens, développera toutes les facultés de l'ouvrier, toutes les puissances de son être.

Nous voulons que la devise évangélique : *Liberté*, *Egalité*, *Fraternité*, soit religieusement pratiquée, mais en ayant égard aux imperfections, aux faiblesses du cœur humain : rien n'étant parfait sur la terre, les œuvres de l'homme, pas plus que lui-même, ne peuvent être parfaits. Aussi bien *liberté* illimitée, mais répression prompte et efficace. *Egalité* devant la loi, mais préférence au mérite et à la supériorité sur la sottise et le vice. *Fraternité*, mais jusqu'à la limite seulement où l'extension de ce noble sentiment, dans la pratique, ne profite pas à l'un au préjudice de l'autre. Respect à la famille, à la propriété, à la religion. Encouragement au commerce, à l'industrie, à l'agriculture, aux sciences, aux arts. Honneur et protection au travail et au travailleur. Aide à l'ouvrier qui chôme involontairement; secours aux classes souffrantes, à la vieillesse et à l'enfance. Salaire du travailleur fixé le plus possible par des conseils de prud'hommes, lesquels conseils doivent être multipliés et composés de patrons et d'ouvriers à nombre égal, avec président tiré au sort et souvent renouvelé. Diminution du prix des principaux objets d'alimentation et de consommation : *pain*, *viande*, *vin*.

Répartition équitable de l'impôt. Rouages administratifs simplifiés. Réduction des dépenses budgétaires. Instruction gratuite et obligatoire, mais avec un contre-poids, car l'instruction seule est une lumière qui brûle ; elle développe l'esprit, rarement la vertu. Que d'exemples éclatants de cette vérité : combien d'hommes instruits ont, à toutes les époques, forfait à la délicatesse, à la probité, à l'honneur! Ce contre-poids, c'est une bonne éducation, c'est une bonne religion vraiment évangélique et démocratique.

Relations extérieures qui fassent prévaloir au dehors les grands principes de progrès et de civilisation adoptés par notre pays. Traités internationaux qui facilitent, protègent et augmentent les débouchés et les échanges.

Suppression des sous-préfectures ; aucun fonctionnaire public ne devrait recevoir plus de dix mille francs d'appointement, tandis qu'aujourd'hui un grand nombre reçoivent trente, quarante mille, jusqu'à deux cents mille francs. On pourrait même établir un grand nombre de places honorifiques, ce qui allégerait d'autant notre budget. On rencontrerait assez de citoyens dévoués pour remplir les emplois honorifiques. Est-ce qu'on n'a pas trouvé des maires, des adjoints, des juges consulaires? et pourquoi ne trouverait-on pas aussi d'autres citoyens qui se chargeraient d'être magistrats, préfets, sans appointements aucuns? Ah! si les places étaient peu rétribuées ou honorifiques autant que possible, il y aurait moins d'ambition chez les hommes, car l'amour des places est aujourd'hui à l'état de frénésie, et est peut-être la cause de cette agitation immense dont nous sommes tous plus ou moins tourmentés.

Nous voulons aussi qu'on établisse une banque hypothécaire dans chaque arrondissement. Ce serait là un bienfait incalculable pour le petit commerce et l'agriculture.

Aujourd'hui l'organisation de nos banques n'est favorable qu'à la classe riche et au haut commerce. Les riches, en effet, les banquiers, trouvent, au moyen de trois signatures, à emprunter à 4 p. 0/0. Le petit commerce, l'agriculteur, n'ont pas accès à la Banque de France, parce qu'ils n'inspirent pas assez de confiance,

Eh bien! la banque hypothécaire, que nous réclamons dans chacun de nos arrondissements, faciliterait énormément les classes moyennes, les agriculteurs, le petit commerce, que l'usure tend à ruiner chaque jour davantage.

Ces banques prêteraient sur hypothèques à trois pour cent, sans frais, sans contrat, sans formalité.

Nous le disons hautement et avec une conviction complète, ces banques donneraient une immense impulsion au petit commerce et à l'agriculture. Les républicains les réclament de toutes leurs forces; les royalistes s'y opposent systématiquement.

Que le peuple juge les uns et les autres!

Le Royaliste. — Décidément notre parti a été trop longtemps abusé. Mon esprit, mon cœur, ma raison, toutes mes facultés rejettent à toujours la monarchie. Je l'avoue sans fausse honte : je l'avais adoptée avec trop de confiance; je la repousse avec dédain, avec effroi. N'en parlons plus. Je reviens au giron de la démocratie. Mais grande était mon erreur. La monarchie et la République, c'est le feu et l'eau. Je suis à la République sans réserve ; aux prochaines élections je ne voterai que pour des républicains.

Le Républicain. — Pour ma part je ne choisirai pas ailleurs. Evidemment, dans la crise actuelle, il faut à la représentation nationale des patriotes éprouvés, des habiletés reconnues, en un mot, des amis de la liberté, du peuple et de l'ordre, capables de tenir haut et ferme le drapeau de la démocratie.

Définitivement nous voterons ensemble.

Et Vive la République démocratique !

www.ingramcontent.com/pod-product-compliance
Lightning Source LLC
La Vergne TN
LVHW010035230826
846091LV00005B/1717

* 9 7 8 2 0 1 1 7 5 7 7 9 1 *